JN298022

朝倉日英対照言語学シリーズ ③

[監修] 中野弘三・服部義弘・西原哲雄

音韻論

Phonology

菅原真理子 [編]

朝倉書店

シリーズ監修

中野弘三	名古屋大学名誉教授
服部義弘	静岡大学名誉教授
西原哲雄	宮城教育大学教育学部教授

第3巻編集

菅原真理子	同志社大学文学部教授

執筆者（執筆順）

新谷敬人	大妻女子大学文学部准教授
川越いつえ	京都産業大学外国語学部教授
吉田優子	同志社大学グローバル・コミュニケーション学部教授
三間英樹	元神戸市外国語大学外国語学部教授
西原哲雄	宮城教育大学教育学部教授
菅原真理子	同志社大学文学部教授

刊行のことば

　20世紀以降の言語学の発展には目覚ましいものがあり，アメリカ構造主義言語学から，生成文法，さらには最近の認知言語学に至るさまざまな言語理論が展開・発展を続けている．これと同時に，急速なコンピューターの技術革新などによる，コーパス言語学をはじめとする各種の方法論の導入によって，言語研究は言語一般の研究分野においても，各個別言語の分析においても，日進月歩の発達を遂げてきたといえる．個別言語の1つである英語についても，共時的な観点と通時的な観点の双方から，さまざまな側面についての分析が行われ，その成果は，多くの論文や著書の形で公刊されるに至っている．

　言語一般の研究にせよ，各個別言語の研究にせよ，その研究分野は次第に特殊化・細分化されてゆき，その内容が複雑・多様化するに伴って，今日では，専門の研究者ですら，その分析手法などが異なれば，自らの研究分野での研究成果を的確に理解できないという事態が生じうる．このような状況では，英語学・言語学を志す初学者が手早く専門分野の知識を得たいと思う場合，また，英語や日本語教育に携わる教員が幅広く言語学全般の知識を得たいと思う場合に，大学での教授者がそのような要望に応えることは容易ではない．しかし，他方では，英語学・言語学の複雑多様化した研究分野についての的確な知識を初学者や言語教育者に提供する必要性は少なからず存在するものと思われる．

　そこで，われわれは，英語学，英語教育学あるいは言語学に関心をもつ学生，および英語・日本語教育関係者を読者対象に想定し，英語学・言語学の各専門分野についての概観を意図した『朝倉日英対照言語学シリーズ』の編纂を企画したのである．本シリーズの基本方針としては，日本人の母語である日本語との比較・対照を図ることにより，英語学の知識をいっそう深めることができるものと考え，可能な限りの範囲で，日英対照という視点を盛り込むよう，シリーズ各巻の編集・執筆者に依頼することとした．また，英語学・言語学の基本的な概念や専門用語を提示することとあわせて，それぞれの分野の最新の研究成果についても，スペースの許す範囲で盛り込んでゆくことを方針とした．本シリーズを教科書として

使用される教授者にとっても益するところがあるようにとの配慮からである．

　幸運なことに，各巻の編集者には，各分野を代表する方々を迎えることができ，それらの方々には，上に述べた基本方針に従って，それぞれの分野において特色ある優れた入門書兼概説書を編集してもらえるものと確信している．本シリーズの構成は以下の7巻からなる．

　第1巻『言語学入門』西原哲雄 編
　第2巻『音声学』服部義弘 編
　第3巻『音韻論』菅原真理子 編
　第4巻『形態論』漆原朗子 編
　第5巻『統語論』田中智之 編
　第6巻『意味論』中野弘三 編
　第7巻『語用論』中島信夫 編

　読者の方々は各自の専門分野に関する巻はもちろん，そうでない他の巻や隣接する分野の巻についても参照されることを希望するものである．そうすることによって，読む人の英語学・言語学各分野についての理解はいっそう広まり，深まるものと確信する．

　2012年3月

　　　　　　　シリーズ監修者　　中野弘三，服部義弘，西原哲雄

まえがき

　『朝倉日英対照言語学シリーズ』の第3巻は音韻論を扱う．言語学や英語学，もしくは日本語学の入門科目や概論科目を履修した後に，音韻論の専門科目を初めて履修する大学生を対象としている．ただし，より上級の学習者たちにとっても読み応えがあるように工夫しており，理解の再確認だけでなく何かしら新しい発見をもたらすことと期待している．

　本書は6章から構成されている．第1章から第5章までは，音韻単位の小さなものからより大きなものへと，順を追いながら関連する音韻現象や諸課題を紹介し，その底流にある抽象的な原理や制約を考察する．第1章では子音と母音の音韻的な分類について概観し，第2章では子音と母音との組み合わせでできる音節について解説する．第3章では語彙にそなわっている日本語のアクセントや英語の強勢のパターンについて概説し，第4章では語形成にかかわる音韻現象を語彙音韻論の枠組みで検討する．そして第5章では語と語が連続して句や文を形成したときに観察される後語彙的な音韻現象を，句レベルの韻律範疇を用いて説明する．このように第1章から第5章までは，個別の現象や諸問題の紹介と解説を目的としているが，より大きな視点で音韻文法のあり方を捉える必要もある．よって第6章では1980年代後半から台頭してきた最適性理論をわかりやすく紹介することにした．最適性理論では，言語間の相違は，すべての言語に共通にそなわっている制約のランクづけの違いに還元できると考える．それによって言語の普遍性と個別性を一つの仕組みで捉えることができるようになった．読者のみなさんにはこの理論の魅力的な側面にも触れていただければと思う．そして本書が，より発展的な問題を扱う音韻論の専門書への橋渡しの役割を果たすことができれば幸いである．

　もう一つ，本シリーズでは第2巻『音声学』と本書が別の巻として編集されている点も確認しておきたい．音声学は主に音の物理的，調音的，知覚的特徴を研究する分野であるのに対し，音韻論は音の配列や変化などのパターンを導き出す抽象化された原理や制約を探ることを目標とする分野である．しかし，そのよう

な抽象化を可能にするためには，具体的な言語現象を観察し記述する必要があり，よって第2巻と本書には，内容の重複する部分がある．例えば，どちらの巻にも音の分類についての記述がある．ただし本書では，言語音の調音的，物理的特性の解説を主たる目的としてはおらず，その言語音が「母語話者にとって意味の違いをもたらすか否かという機能面」，もしくは「言語使用者が頭の中で音をどう理解しているかという心理的側面」に注目し，音素や異音といった概念を紹介している（第1章）．同様にどちらの巻にも，語彙の強勢やアクセントといった語の韻律的側面についての記述がある．しかし本書ではそれに加え，強勢やアクセント付与の一般化を導き出す抽象的な制約や仕組みとはどのようなものなのか，という疑問を投げかけ，「韻律外性」や「韻脚」といった概念を導入しながら答えをみいだしている（第3章）．また，音韻文法の起源を探るには，音声学の知識が必要となることが多々ある．例えば第6章で「無声阻害音は母音の間にあってはならない」という制約を導入しているが，そもそもどうしてそのような制約が音韻文法にそなわっているのか，その制約は理にかなったものなのかといった疑問に答えるには，人間の発声の仕組みを理解する必要がある．しかし，本書ではそのような音声学的な側面を詳しくは扱っていないので，第2巻『音声学』も本書と同時に読み進めていただければと考える．

最後に，執筆と編集の機会を与えていただいた本シリーズの監修者の先生方，そして本書の出版に至るまでの長期にわたりご尽力いただいた朝倉書店編集部の方々に心より感謝し，厚く御礼を申し上げたい．

2014年2月

菅原真理子

目　　次

第1章　音の体系と分類 ……………………………………………［新谷敬人］…1
  1.1　音声学的記述と音韻論的記述 ………………………………………………1
  1.2　日本語と英語の母音 …………………………………………………………2
  1.3　日本語と英語の子音 …………………………………………………………4
  1.4　日英語の母音・子音の違いによる知覚・発音への影響：外国語なまり…5
  1.5　音素と異音 ……………………………………………………………………7
    1.5.1　音素とは何か, 異音とは何か …………………………………………7
    1.5.2　個別言語と音素・異音 …………………………………………………9
    1.5.3　音素認定の方法 ………………………………………………………11
    1.5.4　音声的類似の原則 ……………………………………………………14
  1.6　中　　　和 …………………………………………………………………15
  1.7　音 韻 素 性 …………………………………………………………………17
    1.7.1　音韻素性の必要性 ……………………………………………………17
    1.7.2　音韻素性の種類 ………………………………………………………20
    1.7.3　音韻素性の有用性 ……………………………………………………24

第2章　音節とモーラ ………………………………………………［川越いつえ］…30
  2.1　日本語のモーラ ……………………………………………………………31
    2.1.1　自立モーラと特殊モーラ ……………………………………………31
    2.1.2　モーラリズム …………………………………………………………32
    2.1.3　歌唱にみる特殊モーラの自立性 ……………………………………33
    2.1.4　日本語の語アクセント規則とモーラ ………………………………34
    2.1.5　日本語母語話者は単語をどこで区切るか …………………………34
    2.1.6　モーラのまとめ ………………………………………………………35
  2.2　日本語の音節 ………………………………………………………………36
    2.2.1　音節の必要性 …………………………………………………………36

2.2.2　日本語の音節と音素配列 ………………………………………… 37
　　2.2.3　日本語の音節とモーラ ………………………………………… 38
　2.3　英語の音節 ……………………………………………………………… 39
　　2.3.1　英語音節の形：頭子音と有標性 ………………………………… 39
　　2.3.2　英語音節の形：尾子音の並び方 ………………………………… 41
　　2.3.3　聞こえの山 ………………………………………………………… 42
　　2.3.4　音節主音的子音 …………………………………………………… 44
　　2.3.5　音節構造 …………………………………………………………… 45
　　2.3.6　音節区切りと最大頭子音原理 …………………………………… 47
　　2.3.7　英語における音節の機能 ………………………………………… 49
　2.4　英語のモーラ …………………………………………………………… 51
　　2.4.1　英語のモーラの必要性と最大性制約 …………………………… 51
　　2.4.2　英語のモーラの形と最小性制約 ………………………………… 53
　2.5　世界の言語におけるモーラと音節 …………………………………… 54
　コラム1　借用語音韻論 …………………………………………………… 55

第3章　日本語のアクセントと英語の強勢 ………… ［吉田優子・三間英樹］…58
　3.1　韻律の類別——アクセントと強勢 …………………………………… 58
　3.2　日本語標準語のアクセント …………………………………………… 59
　　3.2.1　語彙アクセント …………………………………………………… 59
　　3.2.2　無標アクセント …………………………………………………… 62
　　3.2.3　名詞句のアクセント ……………………………………………… 62
　　3.2.4　後部要素が短い複合語 …………………………………………… 64
　　3.2.5　動詞のアクセント ………………………………………………… 65
　3.3　英語の強勢付与規則 …………………………………………………… 67
　コラム2　動詞の派生形と複合動詞 ……………………………………… 68
　　3.3.1　音節と韻脚 ………………………………………………………… 68
　　3.3.2　名詞の強勢パターン ……………………………………………… 70
　　3.3.3　形容詞・動詞の強勢パターン …………………………………… 72
　　3.3.4　第2強勢と強勢転移 ……………………………………………… 74
　　3.3.5　接尾辞による強勢パターン ……………………………………… 77

3.4　日英語のアクセント・強勢付与システムの比較 ………………………… 79
　　3.4.1　日本語の無標アクセント付与と韻脚構造 …………………… 79
　　3.4.2　まとめ ……………………………………………………………… 84

第4章　形態構造と音韻論 …………………………［西原哲雄・菅原真理子］…88
4.1　接辞付加による語形成と音韻論 …………………………………………… 88
　　4.1.1　接辞の種類 ………………………………………………………… 88
　　4.1.2　英語の派生接辞：クラスⅠ接辞とクラスⅡ接辞 ………………… 89
　　4.1.3　接辞付加と二つの語彙レベル：語彙音韻論の観点から ……… 91
　　4.1.4　語彙規則の特徴 …………………………………………………… 94
4.2　複　合　語 …………………………………………………………………… 96
　コラム3　クラスⅠ・クラスⅡ接辞の区別と語種との関係 ………………… 97
　　4.2.1　英語の複合語と強勢パターン …………………………………… 97
　　4.2.2　日本語の複合語と連濁 …………………………………………… 99
　　4.2.3　複合語形成の語彙レベル ………………………………………… 101
4.3　音韻における形態的主要部の役割 ………………………………………… 102
4.4　ま　と　め …………………………………………………………………… 103

第5章　句レベルの音韻論 ……………………………………［菅原真理子］…106
5.1　韻　律　範　疇 ……………………………………………………………… 106
5.2　英語の韻律構造 ……………………………………………………………… 109
　　5.2.1　音韻語（PWd）……………………………………………………… 109
　　5.2.2　音韻句（PPh）……………………………………………………… 110
　　5.2.3　音調句（IPh）……………………………………………………… 113
　コラム4　強勢移動は本当に物理的・心理的実態があるものなのか？ …… 114
　　5.2.4　発話（U）…………………………………………………………… 118
5.3　英語の単一音節機能語の強形と弱形の分布 ……………………………… 120
　　5.3.1　統語構造との関連 ………………………………………………… 120
　　5.3.2　後接語としての単一音節機能語 ………………………………… 121
5.4　日本語の韻律構造 …………………………………………………………… 123
　　5.4.1　音韻語（PWd）……………………………………………………… 123

  5.4.2 音韻句（PPh）……………………………………………… 123
  5.4.3 音調句（IPh）……………………………………………… 126
 5.5 英語と日本語の比較 ……………………………………………… 127
 5.6 後語彙規則と語彙規則との比較 ………………………………… 127

第6章 最適性理論 ………………………………［菅原真理子］… 133
 6.1 最適性理論が提唱されるに至った背景 ………………………… 133
 6.2 音韻制約と有標性 ………………………………………………… 135
 6.3 最適性理論の枠組み ……………………………………………… 140
  6.3.1 入力表示から最適出力表示抽出までの流れ …………… 140
  6.3.2 入力表示と基底の豊饒性 ………………………………… 140
  6.3.3 生成部門での様々な操作適用と候補群 ………………… 141
  6.3.4 評価部門と制約のランクづけに基づく最適出力の抽出 … 141
  6.3.5 制約のランクづけ ………………………………………… 142
 6.4 拮抗する2種類の制約：有標性制約 vs. 忠実性制約 ………… 144
 6.5 音素・異音・中和を有標性制約と忠実性制約で捉える ……… 146
  6.5.1 完全対立と無対立 ………………………………………… 146
  6.5.2 中和と相補分布 …………………………………………… 147
 6.6 子供の言語獲得と最適性理論 …………………………………… 151
 6.7 語彙規則と後語彙規則の区別を最適性理論でどう捉えるか … 152

索 引………………………………………………………………………… 159
英和対照用語一覧 ………………………………………………………………… 162

【本書で使用する超分節音符号について】

(1) 日本語のアクセント
アクセントを担うモーラの直後に「˥」を置く．

(2) 英語の第1強勢と第2強勢
国際音声字母（International Phonetic Alphabet：IPA）では，第1強勢は「ˈ」を，そして第2強勢は「ˌ」を，それぞれ強勢を担う音節の直前に置くことで示すことになっている．しかし上記1に示すように，日本語の場合はアクセントを担うモーラの直後にアクセント符号をふっていることから，初級の読者たちが混乱する可能性がある．よって本書では辞書などの慣例に則り，第1強勢を伴う母音の上に「́」を，そして第2強勢を伴う母音の上には「̀」をふる．ただし音節を抽象的に L や H の単一文字で示すような場合は（3.3.1項参照），IPA の強勢符号を採用する．

(3) 長母音
長母音は母音の音声記号の直後に「:」をつける．

(4) 音節境界
音節と音節の間を「.」で区切ることで音節境界を示す．

第1章 音の体系と分類

新谷敬人

1.1 音声学的記述と音韻論的記述

分節音（segment．あるいは**言語音**，speech sound）について記述する際には，大きく分けて**音声学的**（phonetic）な方法と**音韻論的**（phonological）な方法の二つがある．音声学的な記述方法は，分節音が持つ特徴を物理的な側面から観察し記述するものである．一方，音韻論的な記述方法は，分節音が他の分節音と異なるかどうか，つまり音の違いがその言語の母語話者にとって意味の違いをもたらすか否かという，分節音の機能面に注目する．

seat [siːt] と set [sɛt] という単語に含まれる [iː] と [ɛ] を例にとって考えてみよう．これら二つの母音は，[iː] は口腔内で舌が相対的に前の方に位置し，また口の開きも相対的に小さい状態で調音される．[ɛ] は [iː] と同様に舌の位置が前方であるが，口の開きは [iː] よりは大きくなる．このように，分節音について物理的な特徴を述べるのが音声学的な記述である．

これに対して音韻論的記述では，[iː] と [ɛ] が英語母語話者にとって異なる母音であると認識されるかどうかが焦点となる．[iː] と [ɛ] は物理的に異なるのはもちろんであるが，seat [siːt] と set [sɛt] にみられるように，[iː] と [ɛ] の違いだけで単語の意味の違いを生み出す．これは [iː] と [ɛ] が英語母語話者にとって異なる母音であり，[iː] と [ɛ] の違いが英語という言語では重要な違いであることを意味する．これらを違う母音として扱わなければコミュニケーションに障害が生じ得るからである．このように意味の違いをもたらす分節音どうしは**対立**（contrast）するという．このように，分節音をその機能面——もっといえば，言語使用者が頭の中で音をどう理解しているかという心的側面——に着目して述べるのが音韻論的な記述である．

1.2 日本語と英語の母音

　母音（vowel）とは，音声学的には調音の際に口腔内に気流の乱れを生じない分節音のことを指す．音韻論的には発話の最小単位である**音節**（syllable）の中心となる音韻単位である（第2章も参照）．例えば，pat [pæt] という単語では，[æ] という母音を中心にして前後に [p] と [t] がついた形をしているが，この中心部分にくる [æ] が母音であり，周辺部分にくる [p] と [t] が子音である．

　日本語の大多数の方言において，対立する母音の数は10である．音質の違いとして区別できる五つの短母音 [i, e, ɑ, o, ɯ] と，音の長さの違いとして区別できる5個の長母音 [iː, eː, ɑː, oː, ɯː] がある．

　このほかに，[ɑi, ɑɯ, oi] を**二重母音**（diphthong）として扱うこともある．通常，二重母音とは，母語話者が一つとしてみなせるもので，かつ途中で音質が変化する母音をいう．英語の場合には，二重母音は母語話者が一つとみなしていることがはっきりしている．例えば，bite [bɑɪt] は英語母語話者にとっては**1音節**（syllable）の単語という直観があり一つとみなせるので，[ɑɪ] は音質が途中で変化する単一の母音であるといえる．

　ところが日本語の場合には，母語話者が一つとみなせるという直観は働かないのが普通である．例えば，日本語母語話者に [ɑi] が一つであるか二つであるか尋ねると，たいていは二つであるという答えが返ってくる．これは日本語では音の長さを音節ではなく**モーラ**（mora）で数えるからであるが（詳しくは第2章を参照），しかしこれがそれぞれ独立した**単母音**（monophthong）の [ɑ] と [i] が連なったものであると考えるには少々問題がある．

　[ɑi] や [ɑɯ] を単母音の連続とせず二重母音と考えることは，外来語のアクセントパターンを調べると理解できる（アクセントについては第3章を参照）．通常，外来語のアクセントは語末から3モーラ目にアクセントがあるが，その位置に [ɑi] のような音連続がくるとアクセントは1モーラ前に移動し，語末から4モーラ目にくる．語末から3モーラ目が促音（「ッ」）や撥音（「ン」），あるいは長母音の長音部分（「ー」）の場合も同様である（2.1.1節および3.4.1節も参照）．以下の例をみてみよう（「⌐」は直前のモーラにアクセントがあることを表す）．

1.2 日本語と英語の母音

a. GA の単母音 b. GA の二重母音

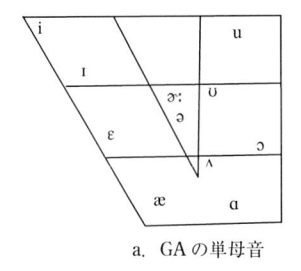

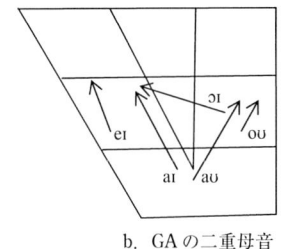

図1 一般米語の母音

(1) a. オレ⌐ンジ　　d. ケンタ⌐ッキー
　　b. カスタネ⌐ット　e. ワシ⌐ントン
　　c. トラ⌐イアル　　f. ブラ⌐ームス

(1a) や (1b) のように語末から3モーラ目が「レ」や「ネ」のような，自立モーラの場合にはそのモーラにアクセントがくるが，語末から3モーラ目が [ɑi] である (1c) の場合には，アクセントが語末から4モーラ目に移っている．語末から3モーラ目が促音である (1d) や撥音である (1e) のような特殊モーラの場合も同様にアクセントが移動している．

(1c) にみられるアクセント移動が意味することは，[ɑi] の [i]，そして促音や撥音はアクセントを担えるほどの自立性に欠けるということである．だとすると，[ɑi] の [i] は単独で発音された [i] と同じ自立性を持たず，直前の [ɑ] に寄り添うような形の，副次的なものであるといえる．ここから [ɑi] は全体として一つの単位を形成する二重母音であるとする考え方が出てくる．

一方，英語の母音は方言によって多少数が異なるが，単母音と二重母音を含み16～22個である．図1，図2はそれぞれ**一般米語**（General American, GA）とイギリスの**容認発音**（Received Pronunciation, RP）の母音である（個々の母音に関しての詳しい説明は，本シリーズ第2巻『音声学』を参照）．日本語の5個に比べてずいぶんと数が多いことがわかるであろう．これが意味することは，日本語母語話者が英語を発音する際には，日本語では行わない細かな区別をしなければならないということである．この点については 1.4 節で述べる（ちなみに，英語では，/i/ と /u/ は常に長母音（**緊張母音**：tense vowel）として発音されるため，長母音と短母音の区別を示す必要がない．よって，以下の表では /iː/ と /uː/ は表記されていない．しかし本章以下および次章以降では，これらの母音が長母音であ

a. RP の単母音

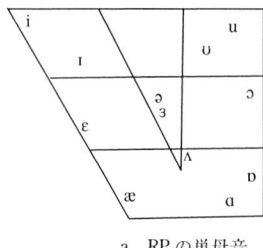

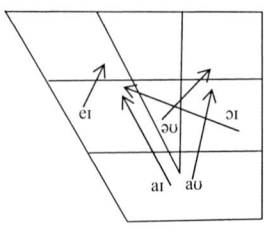

b. RP の二重母音
（外側に向かうもの）

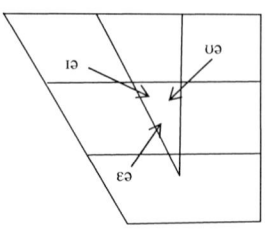

c. RP の二重母音
（内側に向かうもの）

図 2　イギリスの容認発音の母音

ることを読者が意識的に顕在化できるよう，長音記号「ː」をつけて表記する場合もあるので注意されたい．これは /ɔ/ と /ɑ/ についても同様で，/ɔː/ と /ɑː/ と表記される場合がある．また，常に短母音として発音される [ɪ] や [ʊ] などは，**弛緩母音**（lax vowel）と呼ばれている．

1.3　日本語と英語の子音

　子音は口腔内に閉鎖や狭めなどにより気流に乱れが生じて作られる分節音であり，[p] や [s] などがその典型である．前節で，英語では母音は方言によってその数が異なることを指摘したが，子音に関してほとんど方言差はなく，数は一定である．

　先に母音の数は日本語よりも英語の方が多いことをみたが，母音だけでなく子音についても数は英語の方が多い．表 1 と表 2 に英語と日本語の子音図を示す．

　表 1, 2 をみると，英語は 24 個の子音があるのに対し，日本語は 18 個しかなく，相対的に子音表に空白が目立つ．日英語の子音で大きく異なる点としては，英語には日本語にはない摩擦音 [f, v, θ, ð] があることと，英語には歯茎側面接近音 [l] と後部歯茎接近音 [ɹ] があるが，日本語には歯茎はじき音 [ɾ] 一つしかないことである．これは日本語母語話者が苦手とする英語の l と r の区別の問題としてよく知られているものである．

表1 英語の子音（灰色部分は有声音を表す）

		調音点							
		両唇音 (bilabial)	唇歯音 (labio-dental)	歯音 (dental)	歯茎音 (alveolar)	後部歯茎音 (post-alveolar)	硬口蓋音 (palatal)	軟口蓋音 (velar)	声門音 (glottal)
調音法	破裂音/閉鎖音 (plosive/stop)	p　b			t　d			k　g	
	鼻音 (nasal)	m			n			ŋ	
	破擦音 (affricate)					tʃ　dʒ			
	摩擦音 (fricative)		f　v	θ　ð	s　z	ʃ　ʒ			h
	接近音 (approximant)	w				ɹ	j	(w)	
	側面接近音 (lateral approximant)				l				

表2 日本語の子音

		調音点							
		両唇音	唇歯音	歯音	歯茎音	後部歯茎音	硬口蓋音	軟口蓋音	声門音
調音法	破裂音/閉鎖音	p　b			t　d			k　g	
	鼻音	m			n			ŋ	
	はじき音 (flap)				ɾ				
	破擦音					tʃ			
	摩擦音				s　z	ʃ　ʒ			h
	接近音	w					j	(w)	

1.4 日英語の母音・子音の違いによる知覚・発音への影響：外国語なまり

　日本語と英語は，母音・子音の数と調音のしかたが異なるために，一方の言語の母語話者が他方の言語を聞くと自らの母語の影響を大きく受け，母語の音に引きつけて知覚する．その結果，その言語を発音する際に，いわゆる「外国語なま

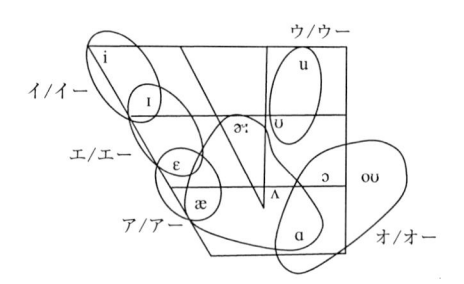

図3 英語（GA）の母音と日本語の母音の対応関係

り」となる．本節では特に日本語母語話者が英語を聞くときに，日英語の母音・子音の違いによりどのような影響があるかについて述べる．以下の議論は，ストレンジら（1998），ガイオンら（2000）を参考にしているので，興味のある読者はこれらの文献に当たってほしい．

　まず母音に関してだが，日本語では母音は音質の違う母音だけだと5個しかないので，日本語母語話者が英語の母音を知覚する際には，英語のすべての母音が，日本語の5母音のうちのどれかに近い形で知覚されることになる．GAを例にとり，英語母音と日本語母音の対応関係を示したのが図3である．図中，線で囲まれている母音は，日本語母語話者の耳にはカタカナで示された母音に近く知覚される．[oʊ]以外の英語の二重母音 [eɪ, aɪ, aʊ, ɔɪ] は，知覚上は短母音の連続であると知覚され（すなわち，「エイ，アイ，アウ，オイ」），他の英語母音と区別が難しいということはないので省いてある．

　図3で，線で囲まれた英語母音は日本語母語話者にとって区別しにくいことを表している．例えば，日本語母語話者にとっては [i] と [ɪ]，[u] と [ʊ] はそれぞれ互いに区別が難しい．よって，beat [bit] と bit [bɪt] を，そして pool [pul] と pull [pʊl] を，同じ [i] そして [u] の母音を使って，長短の区別だけで [biːt] と [bit]，そして [puːl] と [pul] というように区別してしまったりする．また，母音の囲みに重なりがみられるが，これは一つの英語母音が二つの異なる日本語母音に聞こえうることを示している．例えば，英語の [ɪ] は，日本語では「イ」とも「エ」とも知覚されうる母音である．中でも日本語母語話者にとって最もやっかいなのは「ア」に対応する母音である．[æ, ɑ, ʌ, ɚː] はすべて日本語では「ア」に近く聞こえるため，区別が非常に厄介である．例えば，GA で hat, hot, hut, hurt の母音はすべて「ア」に聞こえ，区別するのが難しい．そのため発音するときも区別が

不十分になり,すべて日本語に近い発音ですませてしまうことになる.逆にいえば,[æ, ɑ, ʌ, əː] の各母音どうしをはじめとして, [i, ɪ], [ɪ, ɛ], [ɔ, oʊ], [u, ʊ] の各母音どうしをそれぞれ区別できるようになれば,少なくともコミュニケーションに支障のない母音の発音が身についたといってよいことになる.

次に子音についてであるが,子音の数も母音と同様に英語の方が日本語よりも数が多いので,日本語にない英語の子音が,日本語母語話者の耳にはどのように聞こえるのかを考えることになる.基本的には,母音と同様,母語である日本語の中で最も似ている音に近く知覚されることになる.以下は,日本語にない英語の子音と,それらが日本語母語話者にどのように知覚されるのかの対応関係を示したものである.

(2) 日本語にない英語の子音　　日本語母語話者が知覚する子音
　　　　[f]　　　　　　　　　　[h]([ɸ])
　　　　[v]　　　　　　　　　　[b]
　　　　[θ]　　　　　　　　　　[s]
　　　　[ð]　　　　　　　　　　[z]
　　　　[l]　　　　　　　　　　[ɾ]
　　　　[ɹ]　　　　　　　　　　[ɾ]

まず,英語の [f] の音は [h],つまりハ行の子音と知覚される.ただ,日本語のハ行子音というのは,実はいくつかの違った子音として発音されており,この場合は,ウ段で発音される子音である無声両唇摩擦音 [ɸ](両唇を近づけて,息を吹き消すようにして調音する子音)がかかわってくる.日本語母語話者にとっては,英語の [f] はハ行ウ段である「フ」の子音に聞こえる.したがって,日本語母語話者にとっては [f] と [ɸ] の区別は難しく,発音の際にも [ɸ] を使うのが普通である.同様に,[v] と [b],[θ] と [s],[ð] と [z] も,日本語母語話者にとっては区別が難しい子音のペアである.[l] と [ɹ] は,日本語母語話者には,どちらもラ行の子音である [ɾ] として知覚されるため,区別が難しい.英語子音の発音を身につけるには,これらの子音の区別ができるように訓練することが大切となる.

1.5　音素と異音

1.5.1　音素とは何か,異音とは何か

我々は日々言語を使う中で音を発音する.ある音を発音しようとしたときに,

本当にその音が発音できているのだろうか．「何をバカなこと」と思われるかもしれないが，実は我々は思った通りに発音していない．同じ音を発音しているつもりでも，場合によって異なった発音をしているのである．

例えば，「ン」にあたる子音を考えてみよう．(3)には「ン」が含まれる単語がいくつか挙げてある．まずはこれらの単語を実際に発音してみてほしい．

(3) a. サンポ（散歩）　　d. サンカク（三角）
　　b. サンタ　　　　　　e. サン（三）
　　c. サンニン（三人）

まず，「サンポ」（散歩）の「ン」は両唇をつけて発音する両唇鼻音の[m]である．次に，「サンタ」の「ン」は舌先が上歯の後ろ側につく歯鼻音[n]である．「サンニン」（三人）の最初の「ン」は舌が硬口蓋につく硬口蓋鼻音[ɲ]である．「サンカク」（三角）の「ン」は調音点がさらに後ろになった軟口蓋鼻音[ŋ]である．最後に「サン」（三）の「ン」は，舌の奥の舌根部分が口蓋垂に接触して発音される口蓋垂鼻音[ɴ]になる（「サンニン」（三人）の最後の「ン」も口蓋垂鼻音[ɴ]である）．このように同じ音だと思っていても，実際の発音にはかなりのバリエーションがあることがわかる．

もう一つ例をみてみよう．「カットウ」（葛藤）と「カンドウ」（感動）にはどちらも母音/a/が一つ含まれるが，これら二つの/a/の発音は同じではない．具体的にいうと，「カンドウ」の場合は，口だけでなく鼻からも呼気が漏れ，**鼻音化母音**（nasalized vowel）[ã]で発音される．一方，「カットウ」（葛藤）を発音するときには，呼気は鼻から漏れない．つまり**口母音**（oral vowel）[a]である．これも，一つの音だと思っていても実際には違った発音になっている例である．

以上のことは，我々は頭の中にある「発音しよう思っている音」と「実際に発音される音」を区別して考えなければならないことを意味する．頭の中にある，言語話者が発音しようと思っている音を**音素**（phoneme）といい，実際に発音される音を**異音**（allophone）という．

音素と異音はどちらも発音記号で表されるので，互いに区別する必要がある．音素に対してはスラッシュ（/）を使い，異音に対しては四角カッコ（[　]）を用いるのが慣例である．日本語の「ン」の音素と異音，「カンドウ」（感動）と「カットウ」（葛藤）にみられる音素と異音の関係を図で表すと以下のようになる．

(4) a. 様々な「ン」　　　　　　　b.「葛藤」と「感動」の母音「ア」

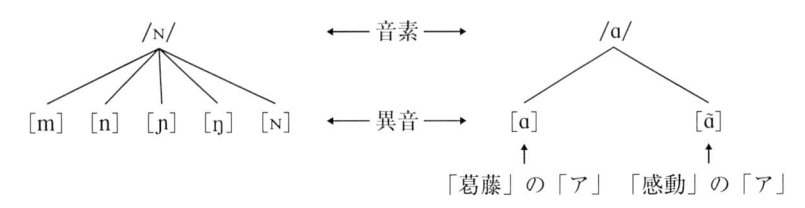

```
    /N/              ←── 音素 ──→        /ɑ/
  ／│││＼                               ／＼
[m][n][ɲ][ŋ][N]     ←── 異音 ──→      [ɑ]  [ɑ̃]
                                        ↑    ↑
                                    「葛藤」の「ア」「感動」の「ア」
```

鼻音の「ン」にしても母音の「ア」にしても，頭の中，つまり音素のレベルではどちらも一つの音である．言語話者は頭の中で単一の音を出そうとするため，このように表せる．しかし，物理的に発せられる音，つまり異音のレベルでは音は1種類だけでなく様々な音があり，場合によって使い分けられる．

1.5.2 個別言語と音素・異音

前節では音素として頭の中にある音が一つだとしても，実際に発せられる異音は複数個あることをみた．本節では，音素と異音の関係は言語によって異なることをみる．

「カットウ」（葛藤）と「カンドウ」（感動）の例をもう一度考えてみよう．これら二つの単語に含まれる [ɑ] と [ɑ̃] は音素としては一つの音であるが，異音としては互いに異なる音であることはすでにみた．母音が鼻音化して発音されても口母音として発音されても同じ一つの音素であることには変わりはない．この音素と異音の関係はどの言語でも同じなのだろうか．

比較対象とする言語として，フランス語をみてみよう．例として，[pɛ] paie（支払う：1人称単数直説法現在）と [pɛ̃] pain（パン）を考えてみる．これら二つの単語には，それぞれ一つずつ [ɛ] と [ɛ̃] という母音が含まれている．これは実際に発せられる音声として，つまり異音レベルで異なっている母音である．前節でみた日本語の場合と同じように，同じ音質の母音で鼻音化していないものと鼻音化したものがフランス語にもあるということである．

しかし音素との関係を考えたときに，フランス語の口母音 [ɛ] と鼻音化母音 [ɛ̃] は日本語と同じではない．日本語の場合，[ɑ] と [ɑ̃] は異音としては違っていても，音素としては一つであった．しかしフランス語の場合，異音としても違っているが，音素としても違っているのである．フランス語で特徴的なことは，[pɛ] paie（支払う）と [pɛ̃] pain（パン）において，口母音で発音するのか鼻音化母音で発音するのかということが，paie と pain という単語を区別する上で重要な働きをしていることである．paie と pain は口母音なのか鼻音化母音なのかのみで単語の意味が異なるからである．したがって，フランス語母語話者はこの違いをわかった上で意図的に発音していると考えられる．フランス語母語話者が [ɛ] と [ɛ̃] を言い分けているとすれば，[ɛ] と [ɛ̃] はフランス語母語話者の頭の中に別々の音として，つまり別々の音素として存在していることになる（6.2 節参照）．

　一方，すでにみたように日本語では口母音 [ɑ] と鼻音化母音 [ɑ̃] の違いは異音レベルでの違いであり，音素としては一つであった．日本語とフランス語における，この音素と異音の関係の違いを図で表すと以下のようになる．

(5) a. 日本語の口母音と鼻音化母音　　b. フランス語の口母音と鼻音化母音

```
       /ɑ/                    /ɛ/    /ɛ̃/
      /   \                    |      |
    [ɑ]   [ɑ̃]                [ɛ]    [ɛ̃]
```

ここからわかることは，日本語・フランス語どちらの言語でも，異音としては口母音と鼻音化母音の違いは存在しているが，音素としては日本語は一つしか母音がなく，フランス語では二つあることである．異音どうしは同じような違いであっても，音素との関係は言語によって異なる場合があるのである．

　ここで一つ疑問を呈したい．音素とは言語話者の頭の中にある音であるということはすでにみた．原理的にいって，音素は頭の中の音であるから発音することもできないし，聞くこともできない．実際に発せられた音が異音であるので，物理的な音として我々が発音したり聞いたりできるのは異音だけである．にもかかわらず，日本語では [ɑ] と [ɑ̃] に対して音素は /ɑ/ しかなく，フランス語では [ɛ] に対して /ɛ/，[ɛ̃] に対して /ɛ̃/ であるとわかるのだろうか．

　もちろん，その言語の母語話者に直接訊けば答えてくれるだろう．しかしそれは相手の言語を操ることができることが前提となる．様々な言語を研究する言語学者はどうだろう．彼らはまだ調べられていない言語をフィールドワークによって研究する．その場合，研究対象の言語を操ることができないのは当たり前なので，言語話者に直接尋ねることはできない．一体どのようにして，音素と異音の関係を探るのだろうか．

　次項では，研究対象言語を操ることができなくても音素と異音の関係を明らか

にできる方法を紹介する．言語学者がフィールドワークで用いる方法と同じものである．

1.5.3 音素認定の方法
a. 対立分布

言語学者が音素と異音の関係を探るために編み出した方法は，異音を調べることで，音素との関係がどのようになっているか明らかにできる方法である．具体的には，異音の**分布**（distribution）を調べる．異音の分布とは，その異音がどのような場所に現れるか，という現れ方のパターンのことである．ここで「場所」というのは，その異音の前後にくる異音のことで，**音声環境**（phonetic environment）と呼ばれる．

フランス語と日本語の例で具体的にみていこう．言語の音素を調べるときには，まずその言語の話者に多くの単語の例，つまり言語資料を出してもらう．フランス語でこれを行うと，例えば以下のような単語のリストができる．

(6) フランス語
  a. [pɛ] 支払う（1単直現） d. [pɛ̃] pain パン
  b. [bɔl] 椀 e. [bɔ̃] 良い（男性形）
  c. [tɑ] 堆積 f. [balɑ̃s] バランス

ここでは六つしか単語を挙げていないが，本来はできるだけたくさんの単語を発音してもらい，それらを音声記号で表記していく．その後，類似した音どうしがどのような現れ方をしているか，その分布をみていく．(6)で口母音と鼻音化母音を中心にみていくと，(6a) [pɛ]（支払う：1単直現）と(6d) [pɛ̃]（パン）がみつかる．この単語のペアは口母音と鼻音化母音が各単語内の同じ位置で現れている．母音の直前はどちらも [b] であり，母音の直後は何もない，すなわち語境界である．つまり，[ɛ] と [ɛ̃] は音声環境が同じだということである．そして，[pɛ] と [pɛ̃] は口母音か鼻音化母音かだけの違いで単語の意味が異なっている．このように，二つの物理的に異なる音が同一の音声環境に現れていて，かつ両者を入れ替えると単語の意味も入れ替わる場合，それら二つの音は**対立分布**（contrastive distribution）の関係にあるという（6.5.1項も参照）．そして，二つの音が対立分布の関係にある場合，それらは別々の音素の異音であると認定できることになる．つまり，その言語の母語話者はそれら二つの音を頭の中で区別し，言い分けてい

るということである．(6) のフランス語の例でいえば，/ɛ/ と /ɛ̃/ という二つの音素がみつかることになる．

対立分布のカギになるのは，(6a) [pɛ]（支払う：1 単直現）と (6d) [pɛ̃]（パン）のような，一音のみが異なる単語のペアをみつけることである．このようなペアを**最小対語**（minimal pair）という．最小対語がみつかれば，二つの音が同一の音声環境に現れていて，かつ両者を入れ替えると単語の意味が入れ替わるということを意味するので，最小対語がみつかれば対立分布の関係がみつかり，音素が二つ認定できる．

b. 相補分布

言語学者はフィールドワークを行って言語話者から言語資料を得るわけだが，いくら探しても最小対語がみつからない場合がある．次の日本語の例をみてみよう．

(7) 日本語
 a. [kɑke] 賭け   d. [kɑ̃ne] 金
 b. [kɑrada] 体   e. [korōmo] 衣
 c. [dakko] だっこ   f. [ɑ̃ŋko] あんこ

ここでも注目するのは口母音と鼻音化母音である．物理的な音としては，(7a) [kɑke]，(7d) [kɑ̃ne] のように口母音と鼻音化母音がみつかる．しかし，これらは最小対語ではない．なぜなら，[kɑke] と [kɑ̃ne] の違いは [ɑ] と [ɑ̃] の違いだけではなく，[k] と [n] もまた違っているからである．したがって，違いがただ一つのみでなければならないという最小対語の定義に合わず，[kɑke] と [kɑ̃ne] は最小対語ではないといえる．

他にはないだろうかと (7) の言語資料を詳しく調べても，最小対語はみつからない．しかし，よくみると口母音と鼻音化母音の分布のしかたにあるパターンがみえてくる．具体的には，鼻音化母音が現れているときは必ず直後に [m] や [n] などの鼻音があるが，口母音が現れているときはその直後に鼻音がきている例は見当たらないということである．これは，一般化して述べ直すなら，物理的に異なる二つの音のうちの一方が現れる音声環境に他方は現れず，その逆もまた真だということである．このように，一方の音の分布が他方の音の分布と決して重ならない場合，それら二つの音は**相補分布**（complementary distribution）の関係にあるという (6.5.2 項参照)．そして，相補分布の関係にある二つの音は同じ音素

の異音である．

　相補分布の関係は，たとえるならスパイダーマンとピーター・パーカーのような関係であると考えるとわかりやすい．ピーター・パーカーはマスクを被り，スパイダーマンとして活躍する人物である．スパイダーマンは事件現場などの緊迫したシーンでしか登場せず，逆にピーター・パーカーは事件のおこっていない日常生活のシーンでしか出てこない．言い換えれば，これら2人の人物の分布が重ならないということである．すなわち，スパイダーマンとピーター・パーカーは相補分布の関係にあるということである．スパイダーマンとピーター・パーカーはいうまでもなく同一人物である．日本語で [ɑ] と [ã] が共通の音素 /ɑ/ を持つことは，このことと同じように考えればよい．

c. 自由変異

　これまで我々は対立分布と相補分布の二つをみてきた．実は音の分布のしかたにはもう一つある．それは**自由変異**（free variation）と呼ばれるものである．自由変異は，一方で対立分布に似ており，他方で相補分布に似ている．例えば，日本語で [kɑtɑ]（肩）という単語を強調するときに，語頭音の [k] を強めて，呼気を多く出すように発音することがある．そうすると当然，普通に発音した [kɑtɑ] の [k] とは音が違ってくる．前者は強い呼気の放出を伴い，**帯気音化した**（aspirated）[k] であり（[kʰ] と表記される），後者は**帯気**（aspiration）を伴わない [k] となる．このように帯気を伴った [kʰ] で発せられた [kʰɑtɑ] と，帯気を伴わない [k] で発せられた [kɑtɑ] では，当然ながら語頭音は物理的に異なる．この場合，二つの物理的に異なる音 [kʰ] と [k] は同じ音声環境に現れるが，両者を入れ替えても単語の意味は変わらない．このような現れ方を示す場合，その二つの音は自由変異の関係にあるという．自由変異は，同じ音声環境に現れるという意味では対立分布と並行的であるが，入れ替えても意味が変わらないので対立分布とは異なる．音素との関係でいえば，二つの音が自由変異の関係にある場合，それらは共通の音素の異音である．共通の音素の異音であるという意味においては，自由変異は相補分布に似ているといえる．

　自由変異の例をもう一つ，今度は英語から出しておこう．[kæt] cat という単語は，語末の [t] を破裂させて発音されることもあれば，飲み込むようにして破裂させないで発音される場合もある．後者の発音のしかたは**無解放**（unreleased）の [t] と呼ばれ，[t̚] と表記される．[kæt] の [t] と [kæt̚] の [t̚] は明らかに物理

表3 対立分布，相補分布，自由変異の定義と，音素と異音の関係に対する意味

分布の種類	定義	音素と異音の関係	
対立分布	1. 同じ音声環境に現れる 2. 入れ替えると意味が変わる	別々の音素の異音	/A/ /B/ | | [A] [B]
相補分布	同じ音声環境に現れない	共通の音素の異音	/A/ /\ [A] [B]
自由変異	1. 同じ音声環境に現れる 2. 入れ替えても意味が変わらない	共通の音素の異音	/A/ /\ [A] [B]

的に異なる．これら二つの子音の分布を考えてみると，[t]と[tʰ]は同じ音声環境に現れて，互いに入れ替えても単語の意味は変化しない．したがって，英語において[t]と[tʰ]は自由変異の関係にある．自由変異の関係にあるということは，これら二つの子音は共通の音素に結びつけられ，互いに区別はされないことになる．

ここで対立分布，相補分布，自由変異をまとめておこう．表3は3種類の分布のそれぞれについて，その定義と音素と異音の関係に関してどのようなことを意味するかをまとめたものである．

1.5.4 音声的類似の原則

上でみてきた対立分布，相補分布，自由変異は異音の持つ性質を考えず，その分布だけに注目して音素を見つけ出す便利な方法である．しかし，ときとして分布だけでは共通の音素の異音なのか，あるいは別々の音素の異音なのか決めかねる場合がある．

その典型例が英語の[h]と[ŋ]である．まずは[h]と[ŋ]の分布を考えてみよう．[h]は[hæt] hat, [pə.hæps] perhapsなど音節のはじめにしか現れない（「.」は音節境界を表す）．一方[ŋ]は[sɪŋ] sing, [kɪŋ.dəm] kingdomのように音節末にしか現れない．つまり，[h]と[ŋ]は相補分布の関係にある．相補分布の関係にあるため，[h]と[ŋ]は同じ音素の異音どうしであると結論づけてしまうかも

しれない．しかし英語の母語話者には [h] と [ŋ] は同じでなく，違う音であるという直観がある．したがって，異音の分布だけをみて音素と異音の関係を決めるのは無理があるということである．

そこで出された解決策は，分布のしかたを比べる二つの音は互いに音声的に似ていなければならないという原則である．これを**音声的類似性**（phonetic similarity）の原則という．[h] は無声声門摩擦音であり，[ŋ] は有声軟口蓋鼻音である．有声性，調音点，調音法どれをとっても異なり，これら二つの子音は音声的な特徴を全く共有していない．したがって，[h] と [ŋ] は相補分布の関係にはあるが，音声的に似ていないため異なる音素と結論づけられる．

1.6 中　　和

これまでみてきたことから，音どうしの分布を調べることで，それらの音がどのように音素と結びついているのかを理解できることがわかった．二つの音が対立分布の関係にあるなら二つの音素と結びつき，相補分布または自由変異の関係にあるなら一つの音素と結びつくというわけである．

しかし，言語の音のパターンはそう単純ではない．多くの言語で，二つの音が通常は対立分布を示し別々の音素として互いに区別されるのにもかかわらず，ある特定の音声環境ではその区別が失われるということがおこる．これは**中和**（neutralization）もしくは**音素的重複**（phonemic overlap）と呼ばれる（6.5.2 項参照）．以下に，日本語を例にして解説する．

日本語のサ行子音とシャ行子音を考えてみよう．サ行の子音である [s] とシャ行の子音である [ʃ] には，以下のような最小対語がみつかる．

(8) a. [onsa] 音叉　—　[onʃa] 御社
　　b. [kasɯ] カス　—　[kaʃɯ] 歌手
　　c. [seːdo] 制度　—　[ʃeːdo] シェード
　　d. [sori] そり　—　[ʃori] 処理

このように [s] と [ʃ] の間に最小対語がみつかるということは，これら二つの子音は対立分布の関係にあり，別々の音素 /s/ と /ʃ/ があることがわかる．音素と異音の関係図では以下のように示すことができる．

(9)　/s/　　/ʃ/
　　　 |　　　 |
　　　[s]　　[ʃ]

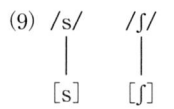

次に，/s/ と /ʃ/ それぞれと日本語の5母音との組み合わせを音声記号で表記すると以下のように表すことができる．

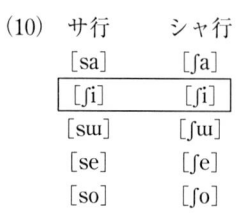

(10)　サ行　　シャ行
　　　[sa]　　[ʃa]
　　　[ʃi]　　[ʃi]
　　　[sɯ]　　[ʃɯ]
　　　[se]　　[ʃe]
　　　[so]　　[ʃo]

線で囲まれたイ段の子音に注目してほしい．イ段以外の四つの段では /s/ と /ʃ/ は別々の音素として機能している．これは (8) の4個の最小対語で，/s/ と /ʃ/ に後続する母音としてイ段以外のすべての母音が使われていることからも理解できる．しかしイ段の場合，つまり後続する母音が /i/ であるとき，サ行でもシャ行でも子音は [ʃ] であり，同じ子音が使われている．サ行子音 /s/ は，/i/ が後続する場合にのみ [ʃ] という，[s] とは違った異音で発音される．それにより，/i/ 以外の母音が /s/ や /ʃ/ に後続した場合には /s/ と /ʃ/ は別々の音素として機能し区別されるが，/i/ が後続した場合には同じ異音が子音として使われることになり，/s/ と /ʃ/ の対立が失われることを示している．このことは，音素と異音の関係図で表せば以下のようになる．

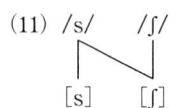

(11)　/s/　　/ʃ/
　　　 |＼　／
　　　[s]　　[ʃ]

/ʃ/ は異音として [ʃ] しか持たないが，/s/ は [s] と [ʃ] の二つの異音を持つ．したがって，異音 [ʃ] は /s/ と /ʃ/ の異音として重複してしまうことになる．この現象が音素的重複と呼ばれるのはこのためである．

中和あるいは音素的重複は英語でも起こる．その典型的な例は，音節の頭子音位置で /s/ に後続する閉鎖音の有声性に関する現象である．英語の閉鎖音には通常，有声と無声の区別がある．これは，[pɪt] pit — [bɪt] bit，[tɪp] tip — [dɪp] dip，[kæp] cap — [gæp] gap のような最小対語からも明らかである．ところが，/s/ + 閉鎖音の音連鎖では有声・無声の区別が失われてしまう．

英語の無声閉鎖音 /p, t, k/ は，強勢音節の頭子音位置では帯気を伴って発音されるのが普通である．しかし，/spaɪ/ spy, /stɔk/ stock, /skeɪt/ skate のように無声閉鎖音の直前に /p, t, k/ がくると，閉鎖音は帯気を伴わない調音になり，音声的には有声閉鎖音 /b, d, g/ に近い発音になる．事実，spy, stock, skate の [s] の部分を音響的に削除して聞いてみると，それぞれ [baɪ] buy, [dɔk] dock, [geɪt] gate という別の単語に聞こえる．頭子音位置では /s/ の後には無声閉鎖音 /p, t, k/ のみ現れ，/b, d, g/ は現れないと考えてしまうかもしれないが，実際にそこに現れる音の特性は有声閉鎖音に近いのである．この事実を日本語の場合と同じように，音素と異音の関係図で表すと以下のようになる．

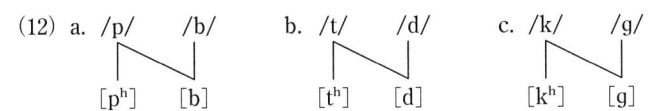

(12) a. /p/   /b/   b. /t/   /d/   c. /k/   /g/

　　　[pʰ]   [b]   [tʰ]   [d]   [kʰ]   [g]

/p, t, k/ は /s/ の直後ではそれぞれ [b, d, g] に近い発音になるのだから，/p/ から [b]，/t/ から [d]，/k/ から [g] へと線が引かれることになる．その結果，二つの音素が一つの異音に結びつくということがおこる．これはとりもなおさず，もともと別々の音素がある条件下でその対立を失い一つの異音として発せられるということであり，すなわち中和あるいは音素的重複がおこっているということである．

1.7　音韻素性

本節では，現代の音韻論を論じるのに必要不可欠な**音韻素性**（phonological feature）について述べる．素性は /p/ や /i/ などの分節音よりも小さな単位で，その集まりで個々の分節音が構成されるものである．地球上にある万物がそのおおもとをたどると原子に行き着くように，分節音も詳しくみていくと，より小さな音韻単位である素性に行き着く．以下では，素性というものがなぜ必要なのか，素性という概念は我々が言語の音韻現象を理解するのにどのように有用なのかをみていく．

1.7.1　音韻素性の必要性

これまで言語の「音」を考えるに当たって想定してきた一番小さな単位は子音

や母音のような分節音である．しかし分節音では母音や子音どうしの共通点・相違点はみえない．例えば，[p]-[t]，[p]-[s] という二つの子音のペアを考えてみよう．これら二つの子音のペアに含まれる子音どうしはどちらがより似ているだろうか．もし分節音だけを考えるのであれば，答えは出せない．なぜなら分節音というレベルで音を記述する限り，[p] と [t] も [p] と [s] も互いに異なる分節音であるということ以外はいえないからである．

しかし，子音の音声学的な分類方法からみると（第2巻『音声学』の第3章を参照），[p] と [t] は双方とも調音点は異なるが調音法は閉鎖音で，有声性は無声で共通しているが，[p] と [s] は調音点，調音法が異なり，有声性においてのみ共通であることがわかる．すなわち，[p] と [t] のペアの方が [p] と [s] のペアよりも互いに似ているということになる．

このような見方は，一つ一つの分節音を分解し，それらがどのような音の特徴から成り立っているかを探るという考え方につながっていく．調音点や調音法のような音声学的な分類方法は，分節音をそこにみられる特徴ごとに分類していく方法である．これは逆に考えると，異なる特徴を組み合わせると様々に違った分節音が出来上がることになる．そして，それぞれの分節音間の違いは特徴の組み合わされ方の違いである．音韻素性はまさにこのような考え方に基づいている．分節音はさらに小さな音の特徴，すなわち音韻素性に分けられ，一つ一つの分節音はそれらの音韻素性が特定の組み合わせ方で集まったものと考えるのである．

音韻素性は，分節音がその音韻素性を持っているか持っていないかで「＋」もしくは「－」で表される．例えば，調音の際に口腔内のどこかで閉鎖がおこるかどうかに関する音韻素性である [**継続性**]（[continuant]）について，[p] と [t] は口腔内に閉鎖を伴うので [－継続性] であり，[s] は伴わないので [＋継続性] である．有声性に関する音韻素性は [**有声性**]（[voice]）であり，これに基づくと [p]，[t]，[s] はいずれも無声音なので [－有声性] である．これをまとめると (13) のようになる．音韻素性をみれば，[p] と [t] が [p] と [s] よりも似ていることは一目瞭然である．[p] と [t] は [－継続性] と [－有声性] の両方が共通であるが，[p] と [s] は [－有声性] しか共通でないからである．

(13) [p]　　　　　　[t]　　　　　　　[s]
　　　[－継続性]　　[－継続性]　　　　[＋継続性]
　　　[－有声性]　　[－有声性]　　　　[－有声性]

1.7 音韻素性

実際の音変化からも例を出そう．我々はすでに，日本語の子音 /N/（「ン」）には実は様々な異音があるということをみた (1.5.1 項)．以下に，(3) で示した単語を音声記号で再掲する．

(14) = (3)
  a. ［sampo］（散歩）　d. ［saŋkakɯ］（三角）
  b. ［santa］（サンタ）　e. ［saN］（三）
  c. ［saɲɲiN］（三人）

これらの /N/ の異音どうしはどのように異なり，またどのような条件で現れるのだろうか．その答えは ［m, n, ɲ, ŋ, N］ の各異音を分節音レベルで眺めていても出てこない．しかし，これらの異音の特徴を探っていくと，これらはすべて鼻音であり，またすべて有声音であることがわかる．異なるのは調音点だけである．それぞれの異音の調音点がどのような条件によって決まっているのかに関しては，(14) のそれぞれの単語で，問題となっている鼻音の直後の分節音をみるとわかる．［m］の直後は［p］(14a)，［n］の直後は［t］(14b)，［ŋ］の直後は［k］といったように，(13a-d) で鼻音の直後の子音は必ず鼻音と同じ調音点であることがわかる．(14e) のように鼻音の直後が語境界の場合には［N］が現れている（これは (14c) で語末鼻音が［N］になっていることからもわかる）．

つまり，以下のようなことがおこっていると考えられる．日本語における /N/ がどのような異音で現れるかは，直後にくる子音の調音点によって変わり，直後の子音の影響を受けその子音の持つ調音点と同じ調音点を持った鼻音として現れる（直後が語境界の場合には［N］が現れる）ということである．大切なことは，/N/ は調音点だけが変わり，その他の特性は一切変化していないということである．例えば，(14a)［sampo］（散歩）の場合，/N/ は直後の /p/ が持つ［−舌頂性］と［＋前方性］という音韻素性に影響され，/N/ が［−舌頂性］と［＋前方性］を持つ異音［m］となって発せられる（音韻素性［舌頂性］，[前方性］については，1.7.2 項 b を参照）．直後にくる子音がその前の分節音に与える影響は，その分節音の一部であり全体ではない．分節音のレベルでこの音韻変化をみていてもこのパターンはみえず，分節音の構成要素である音韻素性のレベルで考えなければならないということである．

(14) の例に関してもう一つ付け加えておくべきことがある．/N/ が様々な調音点の鼻音に変わるとき，/N/ の調音点を変える力を持った子音は一つではない．

同じ調音点を持つ子音ならすべて直前の /ɴ/ に同じ変化を引き起こす．例えば，(14a)［sɑmpo］（散歩）で /ɴ/ は /p/ の直前で［m］で調音されているが，これは別の両唇音 /b, m/ でも同じことが起こる．/p, b, m/ は直前の鼻音に対して同様の影響を与えるのである．/p, b, m/ を分節音で考えていても，なぜこの 3 個の子音が直前の鼻音の両唇音に変えるのかはみえてこない．これらが共有する音韻素性を考えなければならないのである．上で触れたように，/p, b, m/ は［−舌頂性］と［＋前方性］という音韻素性を共通して持つ．このように同じ音韻素性を共有する分節音のグループは**自然類**（natural class）と呼ばれ，一つの自然類をなす複数の分節音は音韻変化に対して同じパターンを示す．

1.7.2　音韻素性の種類

　前節では，子音や母音のような分節音よりも小さな構成単位である音韻素性が言語の音に関する理解のために必要であることをみた．本節では，具体的にどのような音韻素性があるのかをみていく．音韻素性は，［鼻音性］（［nasal］）や［高］（［high］）といった，分節音の音声学的分類に使われる特徴と表面上似ている部分もあるが，異なるものもまた多い．音声学的分類は分節音を分類することが目的であるが，音韻素性は音韻現象を簡潔に過不足なく説明することが目的だからである．

a.　主要音類素性

　分節音は伝統的には母音と子音に分けられるが，様々な音の変化のパターンを観察すると，子音はまず大きく**阻害音**（obstruent）と**共鳴音**（sonorant）に分けられる．さらにこの 2 種類の子音に母音を合わせたものが**主要音類**（major class）である．英語でいえば，阻害音は閉鎖音，摩擦音，破擦音を合わせた自然類であり，共鳴音は鼻音と流音（英語では /ɹ, l/）とわたり音（/j/ と /w/）を合わせたものからなる自然類である（ちなみに，阻害音には有声音と無声音の対立があるが（1.3 節および 6.5 節参照），共鳴音にはそのような対立はなく，有声音しか存在しない（1.3 節参照））．

　子音を二つの自然類に分ける根拠は，阻害音→共鳴音の順に，より子音らしい子音から母音らしい子音へと，子音の持つ特徴ごとに並べられることである．さらに，同じ共鳴音とはいっても，鼻音と流音の類と，わたり音とでは，前者より後者の方がより母音に近い．これを以下でみていこう．

すでに触れたように，子音は呼気が口腔内で妨げられる分節音である．最も著しい呼気の妨げは口腔内の閉鎖であるから，閉鎖とそれに類する呼気の妨げを伴う阻害音は「子音の中の子音」とでもいえるグループである．共鳴音の中でも，鼻音は口腔内には完全な閉鎖が起きているが鼻から呼気が抜け，また流音は口腔内のどこかに顕著な狭めがあるが，気流が乱れるほどではない．したがって，鼻音も流音も阻害音よりは母音に近い性質を持つ．次に，同じ共鳴音とはいってもわたり音は，非常に短く，また一定の口の構えを持たない動きを伴う音だが，調音のしかたはほとんど母音である（/j/ は /i/ に近く，/w/ は /u/ に近い）．したがって，わたり音は最も母音に近い，言い換えれば最も子音らしくない子音であるということができる．

(15) 子音らしさと母音らしさで子音を分類

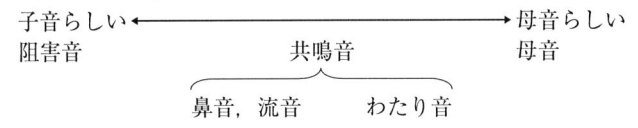

```
子音らしい ←――――――――――――→ 母音らしい
阻害音        共鳴音              母音
          ╰―――――――╯
          鼻音, 流音    わたり音
```

そして，阻害音，共鳴音の中の鼻音と流音の類，同じく共鳴音の中のわたり音，そして母音の4種類の音の分類は，3種類の音韻素性，すなわち，[±子音性]（[±consonantal]），[±共鳴性]（[±sonorant]），[±音節主音性]（[±syllabic]）の組み合わせで捉えることができる．この3種類の音韻素性は**主要音類素性**(major class features) と呼ばれる．これらの音韻素性の定義と，どの音類がその音韻素性を持つかを (16) に示す．

(16) a. [子音性]（[consonantal]）： 口腔内で何らかの形で呼気が妨害されれば [+子音性]，されなければ [−子音性]．阻害音，共鳴音の中の鼻音と流音は [+子音性]，共鳴音でもわたり音は母音と同じく [−子音性]．

b. [共鳴性]（[sonorant]）： 口腔や鼻腔内で**共鳴**（resonance）を引き起こす音であれば [+共鳴性]，共鳴を引き起こさなければ [−共鳴性]（共鳴については，第2巻『音声学』の第7章を参照）．阻害音は [−共鳴性]，それ以外の音類は [+共鳴性]．

c. [音節主音性]（[syllabic]）： **音節核**(syllabic nucleus)の位置に現れる場合は [+音節主音性]，頭子音や尾子音の位置に現れる場合は [−音節主音性]（音節核については，第2章を参照）．母音は [+音節主音性]，それ以外の音類は [−音節主音性]．

表 4 主要音類素性表

	阻害音 (obstruent)	共鳴音 (sonorant)		母音 (vowel)
		鼻音, 流音 (nasal, liquid)	わたり音 (glide)	
	/p, t, k, b, d, g, θ, ð, f, v, s, z, ʃ, ʒ, tʃ, dʒ, h/	/m, n, ŋ, ɹ, l/	/j, w/	/iː, ɪ, ɛ, æ, ɑː, ɔː, ʊ, uː, ʌ, ɚː, ə, eɪ, aɪ, aʊ, oʊ, ɔɪ/
[子音性] ([consonantal])	+	+	−	−
[共鳴性] ([sonorant])	−	+	+	+
[音節主音性] ([syllabic])	−	−	−	+

以上をまとめると，表 4 のようになる．音声記号はそれぞれの自然類を構成する英語音素（GA）である．

b. その他の子音素性，母音素性

音韻素性は，主要音類素性以外にも多くある．子音素性の数や種類は，細かい部分に関しては研究者による相違があるので，ここではごく一部を紹介するにとどめておく．

子音素性には，調音点に関する素性で[**舌頂性**]（[coronal]），[**前方性**]（[anterior]）がある．[舌頂性] は，調音の際に舌先もしくは舌端を使う場合は [＋舌頂性] であり，使わない場合は [−舌頂性] である．歯音，歯茎音，後部歯茎音は [＋舌頂性]，唇音（＝両唇音・唇歯音），軟口蓋音，声門音は [−舌頂性] である．[前方性] は，歯茎もしくは歯茎より前の部分を使う音は [＋前方性]，歯茎より後ろ側を使う音は [−前方性] である．具体的には，唇音，歯音，歯茎音は [＋前方性]，後部歯茎音，硬口蓋音，軟口蓋音，声門音は [−前方性] である．英語の子音は，[舌頂性] と [前方性] で 4 個の自然類を得ることができる．これを表 5 にまとめる（日本語に関して議論した 1.7.1 項では [＋舌頂性，＋前方性] の自然類として /p, b, m/ を挙げ /f, v/ がなかったが，これは日本語の音素に /f, v/ は存在しないからである）．

最後に，母音の音韻素性に関して簡単に触れておく．詳しく知りたい場合は他の専門書（Davenport and Hannahs 2010, Gussenhoven and Jacobs 2011, Spencer

表5 調音点に関する素性表

	唇音 (labial)	歯音/歯茎音 (dental/alveolar)	後部歯茎音 (postalveolar)	軟口蓋音/声門音 (velar/glottal)
	/p, b, m, f, v/	/θ, ð, t, d, n, s, z, l/	/ʃ, ʒ, tʃ, dʒ/	/k, g, ŋ, h, w/
[舌頂性] ([coronal])	−	+	+	−
[前方性] ([anterior])	+	+	−	−

1995 など）を参照されたい．母音の音韻素性は，母音の音声学的分類に使われる概念が多く使われており，直感的でわかりやすい．例を挙げると舌の高さに関して [**高**]（[high]）・[**低**]（[low]），舌の前後に関して [**前**]（[front]）・[**後**]（[back]），円唇化に関して [**円唇**]（[round]），舌の緊張度に関して [**緊張**]（[tense]）がある．例えば，前舌母音 /iː, ɪ, eɪ, ɛ, æ/ は [＋前，−後]，後舌母音 /uː, ʊ, oʊ, ɔː, ɑː/ は [−前，＋後]，中舌母音 /ʌ, ɚː, ə/ は [−前，−後] を共有する．

　[**緊張**] という音韻素性については，なじみが薄いと思われるので解説しておく．この音韻素性は，母音が相対的に筋肉の緊張を伴い，その結果，より長くなり，さらに母音図のより周辺（外側）の位置で調音される母音に対しては [＋緊張] となり，そうではない場合は [−緊張] となる．具体的には /iː, uː, ɔː, ɑː, ɚː/ と二重母音 /eɪ, aɪ, aʊ, oʊ, ɔɪ/ が [＋緊張性] であり，残りの /ɪ, ɛ, æ, ʊ, ʌ, ə/ は [−緊張性] である．また [＋緊張] を持つ母音の特徴として，その母音で音節を終えることができる，つまり**開音節**（open syllable）が可能であるという特徴がある．例えば，緊張母音は bee/biː/ や lie/laɪ/ のようにその母音で音節を終えても単語として成立するが，*/bæ/ や*/lʊ/ という弛緩母音で終わる単語は存在しない．これらは母音の直後に子音をつけて /bæd/ や /lʊk/ などとして**閉音節**（closed syllable）にしないと単語としては成立しない．

　緊張母音では開音節が可能で，弛緩母音では閉音節しか許されない理由は，モーラと関係している（2.4.2項参照）．音韻論では日本語だけでなく，英語にもモーラが必要なことが明らかになっており，緊張母音は 2 モーラ分の長さを持ち，弛緩母音は 1 モーラ分の長さを持つとされる．そして，英語の音節は必ず 2 モーラ以上でなければならず，1 モーラの音節は不適格である．このような考え方に基づけば，2 モーラ分の長さを持つ緊張母音は音韻論ではしばしば長母音（long

表 6 英語母音の音韻素性表

	iː	ɪ	uː	ʊ	ɛ	ɚː	ə	æ	ʌ	ɔː	ɑː	aɪ	eɪ	aʊ	oʊ	ɔɪ
[高]([high])	+	+	+	+	−	−	−	−	−	−	−	−+	−+	−+	−+	−+
[低]([low])	−	−	−	−	−	−	−	+	+	+	+	+−	−	+−	−	−
[前]([front])	+	+	−	−	+	−	−	−	−	−	−	+	+	+−	−	−
[後]([back])	−	−	+	+	−	−	−	−	+	+	+	−	−	−+	+	+−
[円唇]([rounded])	−	−	+	+	−	−	−	−	−	+	−	−	−	−+	+	+−
[緊張]([tense])	+	−	+	−	−	−	−	−	+	+	+	+	+	+	+	+

一つのセル内に二つの値（＋・−）がある場合，左から右に変化することを表す．

vowel）と呼ばれ，1 モーラ分の長さである弛緩母音は短母音（short vowel）と呼ばれる．

表 6 は英語の母音（GA）に関する，音韻素性を表す．

1.7.3 音韻素性の有用性

これまで音韻素性についてみてきたが，音韻素性はいったい何の役に立つのだろうと思った読者もいるだろう．一つ一つの分節音をさらに分解し，プラス・マイナスで表現するというのは，その手続きだけでも煩雑でとっつきづらい．ここでは，言語ではない例を使って素性の利点を解説する．

音韻素性を取り入れる利点は二つある．一つは自然類を規定するときにより簡潔になることである．もう一つは記述がより一般的になる，すなわちより多くの事例に対応できるようになるということである．

わかりやすい例で考えよう．想像してほしい．あなたはロボットエンジニアである．いまあなたが開発中のロボットは「挨拶ロボット」であり，年齢の異なる様々な人に対して違ったフレーズを発するようロボットをプログラムしたいとする．ロボットに挨拶をさせる相手とその年齢，そしてその相手に発するフレーズは表 7 の通りである．

1.7 音韻素性

表7 挨拶ロボットが挨拶をする相手とその年齢
および発するフレーズ

名前	年齢	ロボットの挨拶
かおり	23	こんにちは
まき	22	こんにちは
たろう	55	よう
まさひこ	25	よう
ゆうと	3	やあ
みさき	4	やあ

　表7にある6人に対してロボットに挨拶をさせるために，あなたはロボットに挨拶の規則をプログラムした．その規則は以下のような記述になっている．

(17) 挨拶規則（素性なしバージョン）
　　規則1：　かおりに「こんにちは」と言え．
　　規則2：　まきに「こんにちは」と言え．
　　規則3：　たろうに「よう」と言え．
　　規則4：　まさひこに「よう」と言え．
　　規則5：　ゆうとに「やあ」と言え．
　　規則6：　みさきに「やあ」と言え．

これらの規則により，表7にある人物のそれぞれに対して適切な挨拶をさせることはできる．しかし(17)のような規則記述の仕方では，次の2点において課題が残る．(1) 規則の数が六つもあり多い．(2) 表7にある6人にしか挨拶ができない．もっと少ない規則で同じことができればもっとよいし，また特定の6人だけでなく，不特定多数の相手に対して挨拶ができる一般性の高い規則にしたい．

　そこで素性の導入を考える．表7にある6人のうち，かおり，まき，みさきは女性であり，たろう，まさひこ，ゆうとは男性である．また，かおり，まき，たろう，まさひこは大人であり，ゆうと，みさきは子供である．このようなそれぞれの人間の特徴を捉えて，[女性]，[子供]という二つの素性を使って規則を記述してみる．女性か男性か，子供か大人かを考えて，挨拶をする相手6人のそれぞれについて，[女性]，[子供]に関してプラス・マイナスの値を考えると表8のようになるであろう．

　表8をもとにして，再度規則を記述してみると以下のようになる．

表 8　挨拶をする相手に対する素性［女性］,［子供］の値

名前	年齢	ロボットの挨拶	［女性］	［子供］
かおり	23	こんにちは	＋	－
まき	22	こんにちは	＋	－
たろう	55	よう	－	－
まさひこ	25	よう	－	－
ゆうと	3	やあ	－	＋
みさき	4	やあ	＋	＋

(18) 挨拶規則（素性ありバージョン）
　　規則1：　［＋女性，－子供］を持った人に「こんにちは」と言え．
　　規則2：　［－女性，－子供］を持った人に「よう」と言え．
　　規則3：　［＋子供］を持った人に「やあ」と言え．

(18)に示された，素性を使った挨拶規則は，(17)の素性なしの挨拶規則に比べて次の2点で優れている．(1) 規則の数が6個から3個へと半減し，より簡潔になっている．(2) 表7の6人だけでなく，不特定多数の人間に対しても挨拶ができるようになり，より一般性が増している．(17)と(18)の規則記述のうちどちらが優れているかは明らかである．素性を使った(18)の規則は，より**簡潔**（simple）でより**一般的な**（general）ものになっているのである．

(17)と(18)の違いは，ちょうど分節音を使った音韻変化の記述と，音韻素性を使った音韻変化の記述の違いに相当する．1.5.1項で述べた，日本語の口母音と鼻音化母音を思い出してほしい．日本語で /a/ は，[kɑttoː]（葛藤）では口母音だが，[kãdoː]（感動）では鼻音化母音として発せられるのであった．この鼻音化という音韻変化は /a/ という特定の母音に限らず，/i, e, ɑ, o, ɯ/ のどの母音にも生じうる．また母音に後続する子音も，/m, n, ŋ/ のうちのどの子音でも鼻音化を引き起こす．したがって，この母音の鼻音化を分節音レベルで記述しようと思えば，(18)に示したように，5（/i, e, ɑ, o, ɯ/）×3（/m, n, ŋ/）＝15個の規則が必要になる．また，これらの規則では日本語の音素しか使っていないため，他の言語への一般化ができない．

(19) 分節音を使った母音の鼻音化の規則
   1. /i/ は /m/ の直前で鼻音化異音 [ĩ] となる．
   2. /e/ は /m/ の直前で鼻音化異音 [ẽ] となる．
   3. /ɑ/ は /m/ の直前で鼻音化異音 [ɑ̃] となる．
   4. /o/ は /m/ の直前で鼻音化異音 [õ] となる．
   5. /ɯ/ は /m/ の直前で鼻音化異音 [ɯ̃] となる．
   6. /i/ は /n/ の直前で鼻音化異音 [ĩ] となる．
    ⋮
   15. /ɯ/ は /ŋ/ の直前で鼻音化異音 [ɯ̃] となる．

では，音韻素性を使った場合はどうだろうか．まず，母音は [+音節主音性] という一つの音韻素性で表すことができる．表4をみると，母音以外の音類はすべて [−音節主音性] であるから，[+音節主音性] により，母音という自然類だけを指定できることがわかる．そして鼻音の自然類は [+鼻音性] として表すことができる．したがって，鼻音化規則は以下のように記述できる．

(20) 音韻素性を使った母音の鼻音化規則
   [+音節主音性] を持つ音は，[+鼻音性] を持つ音の直前で [+鼻音性] を持つ．

音韻素性をベースにした規則であれば，(20) のように鼻音化規則はたった一つの規則となり，(19) の15個と比べてその違いは明らかである．また，(20) の規則は日本語以外の言語の母音，子音にも適用可能である点に注目してほしい．[+音節主音性] や [+鼻音性] といった音韻素性は日本語にとどまらず他の言語においても有効である．母音と子音の区別があれば母音は [+音節主音性] であるし，口音と鼻音の区別があれば鼻音は [+鼻音性] である．このように，音韻素性を使うと音韻変化を説明する規則がより簡潔に，そしてより一般的になるのである．

🔍 より深く勉強したい人のために

日英語の音体系（音素体系）については，それぞれの言語の音声学・音韻論について書かれた概説書が役に立つ．日本語については Labrune (2012), Vance (1987, 2008) を，英語については Carr (2012), Roach (2009) を読むとよい．Carr (2012) は第2版，Roach (2009) は第4版だが，前者には初版の翻訳が，後者には第2版の翻訳がある．
音素発見の方法は，1920年代から1950年代にかけて隆盛であったアメリカ構造言語学が修めた大きな成果の一つである．現在では，Gussenhoven and Jacobs (2011), Hayes (2009), Kenstowicz (1994) など，たいていの音韻論の教科書で解説されている．日本

語で比較的詳細な解説を読みたい場合は，風間ほか（2004）をすすめる．

音韻素性に関しては，現在の音韻素性理論の基礎を築いた Chomsky and Halle（1968）が最重要文献だが，これはとても初学者にすすめられるものではない．しかし，たいていの音韻論の教科書には音韻素性に関する記述があるので，Gussenhoven and Jacobs（2011），Davenport and Hannahs（2010），Hayes（2009），Spencer（1995）などに当たってほしい．日本語で読める解説としては，高橋（2005）がある．

演習問題

1. ある日本人英語学習者が発音練習のため，英語の単語が録音された CD を聞き，発音練習をした．以下は，その学習者が発音した単語を聞き，そのまま音声記号で書き取ったものである．それぞれ何という単語のつもりで発音したものか考えなさい．なお，CD の音声は一般米語（GA）とする．複数の単語が当てはまる場合があることに注意．
   a. [sɑi]　　d. [kɑb]
   b. [hoːl]　　e. [bɑt]
   c. [rid]

2. 以下の日本語のデータは東京の下町方言（江戸っ子弁）の母語話者のものである．このデータをみて，[h] と [ʃ] と [s] がどのような関係にあるかを説明しなさい．
   a. [ɑsɯ]　　明日　　　　g. [onso]　　音素
   b. [ʃimitsɯ]　秘密　　　h. [sɑkɑ]　　坂
   c. [hɑkɑ]　　墓　　　　i. [ʃiʃitsɯ]　（大脳）皮質
   d. [ʃiʃitsɯ]　資質　　　j. [bihɑkɯ]　美白
   e. [ɑsemo]　あせも　　　k. [hori]　　堀
   f. [ɑheɴ]　　アヘン　　　l. [semi]　　セミ

3. 以下の言語資料はカナダ英語からのものである．[ɑɪ] と [əɪ] の分布について観察し，その音韻変化の規則を，音韻素性を使って書き表しなさい（本文内の (19) および (20) を参照）．
   a. [nɑɪf] knife　　h. [məɪt] mgiht
   b. [nɑɪl] Nile　　i. [nɑɪnθ] ninth
   c. [kɹɑɪ] cry　　j. [fəɪt] fight
   d. [ləɪt] light　　k. [fɑɪɚː] fire
   e. [ɹɑɪd] ride　　l. [mɑɪm] mime
   f. [ɹɑɪz] rise　　m. [bəɪt] bite
   g. [əɪs] ice　　n. [ɹəɪs] rice

📖 文献

風間喜代三・松村一登・町田　健・上野善道（2004）『言語学 第 2 版』東京大学出版会．

高橋豊美（2005）「弁別素性理論」西原哲雄・那須川訓也（共編）『音韻理論ハンドブック』英宝社：131-142．

Carr, Philip (2012) *English Phonetics and Phonology: An Introduction*, 2nd edition, West Sussex: Wiley-Blackwell［初版の翻訳：竹林　滋・清水あつ子（訳）(2002)『英語音声学音韻論入門』研究社］．

Chomsky, Noam and Morris Halle (1968) *The Sound Pattern of English*, Cambridge, New York: Harper and Row.

Davenport, Mike and S. J. Hannahs (2010) *Introducing English Phonetics and Phonology*, 3rd edition, Oxon: Routledge.

Guion, Susan, James E. Flege, Reiko Akahane-Yamada and Jesica C. Pruitt (2000) "An Investigation of Current Models of Second Language Speech Perception: The Case of Japanese Adults' Perception of English Consonants," *Journal of the Acoustical Society of America* **107**: 2711-2724.

Gussenhoven, Carlos and Haike Jacobs (2011) *Understanding Phonology*, 3rd edition, London: Hodder Education.

Hayes, Bruce (2009) *Introductory Phonology*, West Sussex: Wiley-Blackwell.

Kenstowicz, Michael (1994) *Phonology in Generative Grammar*, Cambridge: Cambridge University Press.

Labrune, Laurence (2012) *The Phonology of Japanese*, Oxford: Oxford University Press.

Roach, Peter (2009) *English Phonetics and Phonology: A Practical Course,* 4th edition, Cambridge: Cambridge University Press［第 2 版の翻訳：島岡　丘・三浦　弘（訳）(1996)『英語音声学・音韻論』大修館書店］．

Spencer, Andrew (1995) *Phonology: Theory and Description*, Oxford: Blackwell.

Strange, Winifred, Reiko Akahane-Yamada, Reiko Kubo, Sonia A. Trent, Kanae Nishi and James J. Jenkins (1998) "Perceptual Assimilation of American English Vowels by Japanese Listeners," *Journal of Phonetics* **26**: 311-344.

Vance, Timothy J. (1987) *An Introduction to Japanese Phonology*, Albany: State University of New York Press.

Vance, Timothy J. (2008) *The Sounds of Japanese*, Cambridge: Cambridge University Press.

第2章 音節とモーラ

川越いつえ

　英語と日本語の音声はどこが違い，どこが同じなのか．これを調べるときに，音声という連続体をただ眺めていても始まらない．連続する音声を単位に区切って調べる必要がある．第1章では音素という単位で両言語を調べたが，この音素は単独で存在するわけではない．音素はいくつかが集まってより大きな単位を作る．本章では**音節**（syllable）と**モーラ**（mora）という音素の集合体を取り上げる．

　「5・7・5」といえば俳句とか川柳といった日本の伝統的な韻文の形式である．この「5・7・5」は何を1と数えているのだろうか．「夏休み　たまった課題　あす期限」これは大学生川柳の一つである．「たまった課題」を7，「あす期限」を5に数える．ここで7とか5と数えている単位をモーラという．モーラは拍ともいわれるが，音楽用語との混乱をさけるためここではモーラを使う．「5・7・5」は日本語母語話者には自然に納得できる数え方だが，英語母語話者には納得しづらいものである．

　「たまった課題」と「あす期限」のモーラを音素表記してみよう．/ta・ma・t・ta・ka・da・i/　/a・su・ki・ge・N/（「・」はモーラ境界を示す）となる．大部分のモーラが「子音＋母音」でできている（ただし，「あす」の「あ」には子音がない）中で，下線部の「っ」（促音）と「ん」（撥音）の部分は子音だけで構成されている．日本語母語話者はこれらを一つのモーラとして「子音＋母音」と同じ長さと捉える．しかし，英語母語話者にはこの感覚が捉えられない．英語はモーラで音声を数えることはなく，母音を含む音節という単位で音声を数えるからである．子音だけの促音や撥音のモーラは音節になれない．英語母語話者は音節で区切って「たまった課題」は /ta.mat.ta.ka.dai/ のように5，「あす期限」は /a.su.ki.geN/ のように4と数える（「.」は音節境界を示す）．

　モーラは音節より小さな単位で，日本語では川柳など韻文のリズムの基本となる．もちろん，韻文の世界だけでなく通常の話し言葉でも，モーラがリズムの基本単位となっている．モーラは日本語に特徴的な長さの単位である．一方，英語

では音節が音声を切り分ける単位である．本章では音節とモーラという単位について，それらがどのようなものか，日本語と英語においてどんな働きをするか，さらに，音節とモーラという二つの単位の関係はどうなっているのか，日本語と英語では働き方が違うのか，世界の言語ではどうなのかをみる．

2.1 日本語のモーラ

2.1.1 自立モーラと特殊モーラ

「からす」「かっぱ」「かんな」「カード」「かいろ」はどれも3モーラで，日本語母語話者には同じ長さの語に感じられる．しかし，「かんな」「かっぱ」の第2モーラをみると，**撥音**「ん」と**促音**「っ」でありいずれも子音だけでできている．促音とは次の子音（ここでは /p/）が長く発音されるものである．撥音と促音のモーラには「か」といった通常のモーラにはみられない特徴がある．まず，これらはその音だけで単語を作ることができない．「っ」とか「ん」という単語は日本語にはない．一方，「か」のように「子音＋母音」のモーラはそれだけで単語になれる．次に，促音や撥音は単語のはじめにくることができない．「ンパ」や「ッパ」のような単語は日本語にはない．「カ」（/ka/）や「パ」（/pa/）といった「子音＋母音」のモーラは単語のはじめにくることができる．促音や撥音と「子音＋母音」のモーラは性質が違うことがわかる．この違いを**自立性**という．促音や撥音は自分だけでは立っていられないので，自立性が低いという．一方，「子音＋母音」のモーラは自分だけで立っていられるので，自立性の高いモーラで**自立モーラ**と呼ぶ．促音，撥音で構成されたモーラを**非自立モーラ**，または**特殊モーラ**と呼ぶ．

「カード」と「かいろ」の第2モーラをみてみよう．これらは母音的である．「カード」の第2モーラは前の母音が長くなった**長音**であり，「かいろ」（/ka·i·ro/）では「アイ」という二重母音の第2要素「イ」である．「アイ」は「ア」と「イ」という二つの母音の連続に思えるが，一つの母音で二重母音という．「カード」の第1母音「アー」が1母音であるのと同じように「アイ」を1母音とみる．これは「アイ」「エイ」「アウ」「オウ」など発音するときに口が閉じていく動きをする母音についての一般言語学的な見方である．逆に口が開いていく母音，「ウオ」「イオ」などは二つの母音とみる．長母音の第2要素で始まる単語がないように，二

重母音の第 2 要素で始まる単語もない．これらもそのモーラだけで自立することのできない特殊モーラである．

以上をまとめると，日本語の特殊モーラには次の 4 種類がある．

(1) a. 撥音（N）　カバン　かんばん（看板）　おんど（温度）　さんま（秋刀魚）
    b. 促音（Q）　カット　かっぱつ（活発）　さっか（作家）　まっちゃ（抹茶）
    c. 長音（R）　ミート　くうき（空気）　かあさん　こうしゃ（後者）　ゲーム
    d. 二重母音の第 2 要素（J）　かい（貝）　ライト　えいが（映画）　アウト

では，「音韻論学会」という単語はいくつのモーラでできているだろうか．モーラを数えるときはかな文字にして数えるとよい．かな文字は基本的に 1 モーラを 1 文字としている．「おんいんろんがっかい」は 10 文字, 10 モーラでできている．下線部が特殊モーラである．では，「主力」という単語はいくつのモーラでできているだろうか．「しゅりょく」をみると拗音の「ゅ」と「ょ」がある．文字数を数えると五つになるが，拗音の小文字はモーラにならない．促音の小文字の「っ」が 1 モーラになるのとは違う．そこで「しゅりょく」は 3 モーラの単語になる．確かに「しゅりょく」の長さを数えてみると，「しゅ・りょ・く」と三つになり，*「し・ゅ・り・ょ・く」と五つにはならないのがわかる．

「しゅりょく」の「しゅ」と「りょ」を音素で書いてみると，/sju/, /rjo/ となり，母音の前に子音が二つ /sj/, /rj/ のように並ぶ．「しゅくしゅく」を発音すると，「しくしく」と同じ四つの単位なのがわかる．「しゅ」も「し」も同じく 1 モーラである．つまり，母音の前の子音はモーラ数には関係しない．モーラを数えるときの対象にならないのである．

2.1.2 モーラリズム

子供の遊びに「だるまさんがころんだ」というものがある．「だるまさんがころんだ」と唱えて 1 から 10 まで数えたことにするのだが，これはこの文が 10 モーラであり，1 モーラ 1 モーラが同じ長さだという了解があるので成立する遊びだ．もし下線部の「さん」や「ろん」を 2 と数えず 1 と数えると，これは 10 数えたことにならない．「ん」のような特殊モーラを自立モーラと同じ長さと捉えるところに，日本語の特色がある．自立モーラも特殊モーラも同じ長さと捉える長さ感覚を**モーラリズム**（mora rhythm）という．

モーラリズムは日本語母語話者には当たり前に思えるが，日本語を外国語とし

て学習する人には納得しづらいものである．英語母語話者で日本語を学ぶ人には
「りけん」（利権）と「りっけん」（立件）を区別して発音できない人や，聞き分け
ることができない人が多い．「こんにゃく」の発音は難しくて「こにゃく」と発音
してしまう．モーラリズムを習得することは，非母語話者には難しいのである．
日本語教育の現場では手拍子をとって「り・っ・け・ん」のように教えている．
特殊モーラを自立モーラと同じ長さで発音して，モーラリズムを保つことを教え
ているのである．

　モーラリズムでは各モーラは同じ長さで発音されるというが，ほんとうに特殊
モーラは自立モーラと同じ長さを持っているのだろうか．これを確認する方法は
2種類ある．一つは実際にモーラの長さを測る方法である．これは音声学の方法
で，日本語音声学では多くの研究がなされている．各モーラはほぼ同じ長さであ
ると主張する研究もあるが，また，各モーラに長さの違いはあるが，モーラより
大きな単位で時間調整がおこり，モーラ数が同じ語の場合，語全体ではほぼ同じ長
さになると主張する研究もある．いずれの研究もモーラがほぼ同じ長さであるこ
とを証明している．もう一つは音韻論の方法で，歌唱と楽譜の関係や日本語のア
クセント規則などの日本語データを詳細にみて，特殊モーラが自立モーラと同じ
長さとして機能していることを証明するものである．以下に歌唱と楽譜の関係，
および日本語アクセント規則からモーラの自立性をみる．

2.1.3　歌唱にみる特殊モーラの自立性

　特殊モーラが自立モーラと同じ長さを持つかどうかを検証する研究が，歌唱を
材料として行われている．氏平（1996）は日本の歌唱で楽譜と歌詞の対応を調査
し，特殊モーラに1音符が当てられているかどうかをみた．その結果99.4%以上
の割合で1音符に対して1モーラ（自立モーラか特殊モーラ）が割り当てられて
いることが報告されている．つまり，日本語では自立モーラも特殊モーラも関係
なく，1音符に1モーラを当てることが原則である．これに対し英語の歌唱では
1モーラではなく1音節1音符が原則である（Vance 1987）．音節については次節
で述べるが，例えばselfishという語はselとfishの2音節に別れ，各々1音符に
対応する．selもfishも母音の後ろに子音を持つ2モーラの音節だが1音符と対応
する（英語のモーラについては2.4.2項参照）．

　自立モーラも特殊モーラも1音符に対応するというが，その音符の長さはどう

だろうか．特殊モーラの方が短いのではないかと思われるかもしれないが，氏平 (1996) によると，50%前後の特殊モーラが自立モーラと同じか，または，それより長い音符に対応しているという．英語ではモーラではなく，音節が一つの音符に対応するが，日本語では特殊モーラと自立モーラがともに1音符に対応する．特殊モーラが自立モーラと同じに扱われていることがわかる．

2.1.4 日本語の語アクセント規則とモーラ

アクセントというと英語の単語アクセントを考える人が多いが，日本語にもアクセントがある（第3章参照）．語内のどこにアクセントがあるかは，ある程度規則的である．特に借用語の場合には新しく入ってきたことばであり，日本語アクセントの基本的な規則性が守られていることが多い．(2) の例をみよう．本章では日本語のアクセント位置を「カ⌐」のように表示する．一見アクセント位置はばらばらにみえるが，語末から数えるといずれも3モーラ目にアクセントがある．語末はどれも自立モーラであるが，語末から2番目は (2a) では自立モーラ，(2b) と (2c) では特殊モーラである．アクセントは特殊モーラか自立モーラかという違いを無視して語末から3モーラ目に置かれる．つまり，自立モーラと特殊モーラは同じものとして扱われていることがわかる．

(2) a. カ⌐ナダ　　　パ⌐ジャマ　　　ダマ⌐スカス　　ハンブ⌐ルグ
　　b. ストリ⌐ート　コルゲ⌐ート　　アーケ⌐ード　　モザンビ⌐ーク
　　c. ウクラ⌐イナ　マーメ⌐イド　　ストラ⌐イク　　ミサ⌐イル
　　d. パイロ⌐ット　アルフレ⌐ッド　パパラ⌐ッチ　　メタリ⌐ック
　　e. フラメ⌐ンコ　アレ⌐ンジ　　　トレ⌐ンド　　　カサブラ⌐ンカ

2.1.5 日本語母語話者は単語をどこで区切るか

本節のはじめで，日本語母語話者は「からす」「かっぱ」「かんな」「カード」「かいろ」などをいずれも3モーラと意識しているといったが，日本語母語話者の「意識」をどうやって確認できるのだろうか．心理言語学を扱う大竹ら (1995) は日本語母語話者と英語母語話者を対象として，母語の単語の区切り方を調査した．テープから流れる音声を聞いてローマ字書きされた語彙に区切りを入れるものである．(3) と (4) では調査語彙と結果を語頭の音連続タイプ別で表示している．例えば，(3a) の CV (43%) とは 43% の披験者が CVCV の連鎖を CV/CV と区切っ

たことを示す．C は子音，V は母音，N は撥音，Q は促音を示す．
(3) 調査語彙と区切り位置（日本語母語話者による日本語の区切り方）
    a. CVCV-　のりもの　ところで　カメラ　CV（43%）CVCV（26%）CVC（0.2%）
    b. CVN-　けんり　のんびり　タンク　CV（26%）CVC（72%）
    c. CVQ-　とっしん　かって　ノック　CV（34%）CVC（51%）
(4) 調査語彙と区切り位置（英語母語話者による英語の区切り方）
    a. CVCV-　canopy　tonic　　CV（7%）　CVC（82%）
    b. CVCC-　cancel　destitute　CV（10%）CVC（79%）

この調査の結果，日本語母語話者と英語母語話者の区切り方にははっきりとした違いがあることがわかった．日本語母語話者の場合 CVCV-語彙（3a）は CV で区切るか，CVCV で区切り，CVC で区切る場合はほぼなく，CVN-語彙（3b）と CVQ-語彙（3c）では CVC で区切る場合が多い．一方，英語母語話者の場合，CVCV-語彙（4a）も CVCC-語彙（4b）も CVC で区切る場合が圧倒的に多い．

以上から，CVCV-語彙の場合，日本語母語話者は C と V の間，つまり，/norimono/ を /nor/ のように自立モーラの途中で区切ることはないのに対し，英語母語話者は CVC で区切る．例えば，canopy を can で区切る．一方，CVC-語彙の場合，日本語母語話者は CV で，例えば，/keNri/ を音節半ばの /ke/ で区切る場合が 30% ほどあるが，英語母語話者で cancel を ca で区切る場合はほぼない．日本語母語話者にとって「子音＋母音」（CV）で作るモーラの単位は心理的に大きいといえる．

2.1.6　モーラのまとめ

三つの事例を挙げて，自立モーラと特殊モーラが，日本語では同じ長さとして機能していることをみてきた．歌唱での音符の付け方，語アクセントの規則という音韻論的な観点と，言語心理学の実験からみる心理的な観点である．本章の冒頭で紹介した川柳など日本の詩歌にみる韻律の数え方も，日本語が自立モーラと特殊モーラを同等に扱っていることを示す音韻論的観点からの証拠である．

日本語ではモーラが音声を数える単位である．モーラには自立モーラと特殊モーラという二つのタイプがあるが，この両者は音韻的にも心理的にも同じ長さを持つものとして扱われ，ともに日本語のモーラリズムの単位を構成する．

2.2 日本語の音節

2.2.1 音節の必要性

2.1 節では音声という音波の流れを日本語母語話者はモーラで区切り，英語母語話者は音節で区切ることをみてきた．だが，2.1.5 項の心理言語学の実験結果を詳細にみると，日本語母語話者はモーラで区切る場合もあるし，音節で区切る場合もあることがわかる．例えば，日本語母語話者が「タンク」を区切る場合，「タ/ン/ク」とモーラ単位の場合もあるし，「タン/ク」と音節単位の場合もある．「タンク」はモーラでは 3 モーラ，音節では 2 音節になる．「タン」のように特殊モーラ「ン」を取り込んだ単位を音節という．音節は英語母語話者だけでなく日本語母語話者にとっても心理的に意味のある単位だといえる．

では，心理的な意味だけでなく，日本語の音韻事象を考えるときにもモーラとともに音節が必要だろうか．日本語に音節はいらない，モーラだけで日本語の音のあり方を説明できるという主張が研究者の中でなされていた時期があった．しかし音節がないと説明できない現象が近年たくさん提出されている．その中の一つが日本語の語アクセントにおきる移動現象である．語アクセントのデータを再び検討して，音節という単位が日本語音韻論にとって必要であることをみよう．

(2) にみたように，日本語の東京方言では語アクセントは多くの場合，語末から数えて 3 モーラ目にくる (3.4.1 項参照)．では，次の事例をみてみよう．

(5) a. イルミネ￣ション　オブザ￣ーバー　ゴ￣ースト　コ￣ークス
　　b. グラ￣イダー　　　サバ￣イバル　　サ￣イレン　ワ￣イパー
　　c. コロ￣ンブス　　　イソギ￣ンチャク　コ￣ンテナ　シャ￣ンプー
　　d. クライマ￣ックス　バ￣ックル　　　　コミ￣ッション　ハ￣ッカー

(5) の事例ではどれも語アクセントは語末から数えて 4 モーラ目にある．なぜ 3 モーラ目ではないのだろうか．(5) の例の語末から 3 モーラ目をみると，(a) では長音，(b) では二重母音の第 2 要素，(c) では撥音，(d) では促音になっている．つまり，語末から 3 モーラ目が特殊モーラなのである．特殊モーラにアクセントがくると，アクセントは一つ左の自立モーラへと移動する．そこで，(5) の例ではアクセントが語末から 4 モーラ目にある．このアクセント移動は，語末から 3 モーラ目の特殊モーラにアクセントを持つだけの力がないためだと考えると納得で

きる．特殊モーラにはアクセント保持力がないため，自立モーラにアクセントが移動するという考え方である（3.4.1項参照）．

さて，ここで疑問が生じる．アクセントはなぜ左へ移動するのか．自立モーラは特殊モーラの左だけでなく右にもあるが，右にアクセントが移動する事例はない．これはなぜか．ここで音節という単位が登場する．2.2.2項で説明するが，音節内部には並び方の順序があり，自立モーラの後ろに特殊モーラが並ぶ．そこで長音を持つ「ゴースト」は「ゴー.ス.ト」のように音節区分され，「ゴー」で一つの音節を作る．長音におかれたアクセントは同じ音節内の自立モーラに移動する．アクセント移動は同一音節内で行なわければいけないという制約があると考えられる．モーラの上に音節という単位を設定することで，アクセントが常に左へ移動するという現象のなぞが解ける．この音節内移動の現象は日本語にも音節という単位が必要だという証拠である．

2.2.2　日本語の音節と音素配列

音節とは母音を中心にして子音が前後に連なった音の集合体である．[p]などの音を発音してみるとわかるが，子音だけでは音がよく聞こえない．母音という聞こえのよい音を中心にして，その前後に子音がつながることで，[pan]といった音の集合体ができる．これが音節という単位である．母音の前の子音を**頭子音**（onset），母音の後の子音を**尾子音**（coda）と呼ぶ．

なぜ頭子音と尾子音という分類をするのだろうか．それは尾子音になる子音と頭子音になる子音の種類が違うからである．しりとり遊びを思い出そう．この遊びでは「ホン」など「ン」で終わる単語をいうと負けになる．これは日本語には撥音「ン」で始まる単語がない，つまり，単語頭の位置では撥音が禁止されていることによる．単語頭の位置とは音節頭と同じであり，頭子音を意味する．撥音だけでなく，促音もこの位置にくることができない．逆に尾子音には撥音と促音しかくることができない．以上から，日本語の音節では頭子音には撥音と促音以外どんな子音がきてもよいが，尾子音には強い制限があることがわかる．これは日本語だけでなく多くの言語にみられる尾子音の特徴である．また，日本語の頭子音については，「シャ（/sja/）」「ミャ（/mja/）」「リャ（/rja/）」などの拗音から頭子音が2子音（子音+/j/）で構成される場合があることがわかる．さらに，日本語には「胃」（/i/）など頭子音のない音節もある．

(1)で特殊モーラに4種類あることをみた．そのうちの二つは撥音（R）と促音（Q）で子音であるが，残る二つは母音の一部分である．母音的なものであり，尾子音には入らないが，音節内の配列をみると必ず中核の母音の後ろにくる．長音（R）や二重母音の第2要素（J）が中核母音の前にくることはできない．そこで，日本語の音節における音素の並び方は(6)のようになる．Cは子音，Vは母音を示す．（ ）に入れた要素は存在しない場合もあることを示す．

(6) (C)-(/j/)-V-(R, J, N, Q)

各言語にはそれぞれ固有の音素があり，それを並べて単語を作るが，その際，音素を好き勝手に並べてよいわけではない．言語ごとに並び方の規則がある．日本語には日本語の音素の配列規則がある．さてここで，音素の配列規則をどのように示すべきかを考えてみよう．単語を単位として単語内の音素の配列規則を示すのがよいのか，音節単位で配列規則を示すべきか，それともモーラ単位で示すべきだろうか．単語は音節の連なったものだから，単語単位で規則を示すのは無駄が多い．音節のはじめにくることのできない音素は単語のはじめにもくることができないのである．音節単位で配列規則を作ることで，記述を合理化できる．モーラ単位で配列規則を記すわけにはいかない．モーラには2種類あり，自立モーラと特殊モーラの配列は音節単位で決まるからである．音素配列という日本語音韻論の基本は音節を単位として表示される．日本語音韻論に音節という単位が不可欠である理由がここにもある．

2.2.3　日本語の音節とモーラ

本節では日本語に音節という単位が必要であること，つまり，音節という単位がないとうまく説明できない事象があることを二つの事例を挙げてみてきた．単語アクセントや音素の並び方など日本語の音韻現象は音節とモーラという二つの単位を設定してはじめて合理的に説明できる．では，音節とモーラという二つの単位はどういう関係にあるのだろうか．(6)では各要素が並列しているが，母音までの部分「(C)-(/j/)-V」が一つのモーラ（自立モーラ）として機能し，母音の後ろ部分は別のモーラ（特殊モーラ）として機能する．これを表示するために，窪薗は(7)のような音節構造を提案している（Kubozono 1989）．音節の下に自立モーラと特殊モーラという2種類のモーラがそれぞれ1単位をなす．つまり，日本語ではCVCの音節にCV/Cのように切れ目があることを示している．これは

各モーラが歌謡で別の音符に割り当てられることでも示され，心理言語学の実験でも示された区切りである．(7) は，次節でみる英語の音節構造とはだいぶ違うが，日本語における音節とモーラの機能を明確に示した構造だといえる．

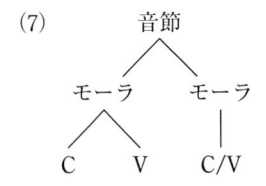

(7)
```
          音節
         /    \
      モーラ   モーラ
      /  \      |
     C    V    C/V
```

2.3 英語の音節

2.3.1 英語音節の形：頭子音と有標性

英語母語話者に panda は何音節かと聞くと 2 音節と答える．音節とは何かを説明できなくても，音節が英語母語話者にとって音声を数える単位なのである．1 音節語の dog や cut を区切るようにいうと英語母語話者は困ってしまう．これ以上区切れないのである．英語は音節で区切り，音節で語の長さを数える音節言語である．2.2.2 項で音節とは母音を中心として子音が集まったものであり，母音の前の子音を頭子音，母音の後ろの子音を尾子音ということをみた．これは日本語だけに限ったことではなくどの言語にも通じる音節の形である．頭子音や尾子音はどの言語にもあるが，頭子音がいくつまで許されるか，どんな音が頭子音になるか，尾子音にどのような子音が可能かは言語ごとに違う．まず頭子音からみていこう．

英語の子音の大半が頭子音になれるが，外国語からの借用語でしか頭子音にならない /ʒ/ や，絶対に頭子音とならない /ŋ/，機能語でしか頭子音にならない /ð/ のような音もある．ここで，頭子音を二つ（C1C2）持つ単語をみてみよう．fly/flaɪ/，cry/kraɪ/，cute/kjuːt/，quick/kwɪk/ では，頭子音は /fl/，/kr/，/kj/，/kw/ からできている．C1 は摩擦音か閉鎖音で，自然類でいうと阻害音である．C2 は /l, r, j, w/ のいずれかで，これは自然類でいうと共鳴音である．共鳴性の低い阻害音と共鳴性の高い音が組み合わさって頭子音を作っている（1.7.2 項参照）．興味深いのはこの 2 子音の順序を変えた単語は存在しないことである．例えば，cry/kraɪ/ の頭子音の順序を変えてみよう．/rkaɪ/ となるが，こうした単語は英語

には存在しない．共鳴音の後に阻害音が並ぶような頭子音を持つ言語は世界の言語にないわけではないがまれだといわれている．人間の言語として普通ではない音連続なのである．これを**有標**（marked）な音連続といい，人間の言語として通常みられる音連続を**無標**（unmarked）な音連続という（6.2 節参照）．

　頭子音が二つの場合，C2 は /l, r, j, w/ のいずれかであるといったが，stay とか sphinx /sfɪŋks/ では C2 が /t/, /f/ の阻害音である．C1 は /s/ でこれも阻害音である．「阻害音＋阻害音」の組み合わせで，これは C1 が /s/ の場合にのみおきる例外的なものである．もちろん，C1 が /s/ で C2 に共鳴音を持つ slow, suit /sju:t/, sweat などは可能である．ただし，/sr/ の組み合わせは英語には存在しない．世界の言語をみると /sr/ の連続を持つものもあるので，/sr/ が有標というわけではない．英語固有の制限がかかって /sr/ がないのだといえる．他にも以下のような英語固有の音連続制限がある．trip はあるが，*tlip, *tnip はない．plus はあるが，*pnus はない．knee という単語があるが，これは*/kni:/ ではなく，/ni:/ と発音される．*は英語では不可能な単語という意味である．/tl/, /tn/, /pn/, /kn/ は英語固有の制限のために英語にはない音連続であり，英語母語話者にはこの連続は発音しにくい．音素の配列制限にみたように，音韻現象には，ある言語に特有のものと世界の言語によくみられるものがあり，これらを区別して捉える必要がある．

　/s/ の場合に頭子音連続（C1C2）が例外的になることをみたが，他にも /s/ の例外性はある．/s/ だけが頭子音 3 連続を作る．spread, stress, squize /skwi:z/, stew /stju:/ をみてみよう．頭子音が三つ（C1C2C3）である．興味深いのは頭子音 3 連続の場合には C1 は必ず /s/ で，C2 は /p, t, k/ のいずれかであり，C3 は /l, r, j, w/ のいずれかになることである．つまり，C1 の /s/ を除くと C2C3 の連続は頭子音が二つのときと似ていることがわかる．C2C3 には上述の無標の順序「阻害音＋共鳴音」が現れている．

(8) 英語の音節の頭子音

a. 3子音連続	C1	C2	C3	b. 2子音連続	C1	C2
	s	p	l		摩擦音	l
		t	r		閉鎖音	r
		k	j			j
			w			w

2.3.2 英語音節の形：尾子音の並び方

日本語では，音節の尾子音には撥音か促音しかなれないという強い制限がある．英語ではどうだろうか．単語は音節が並んだものなので，音節の尾子音について調べる場合には単語の末尾子音を調べるとよい．日本語と比べると英語の尾子音制限はゆるい．尾子音が一つの場合，ほとんどの英語の子音が尾子音になれるし，尾子音に二つ以上の子音が並ぶことも珍しくない．(9) や (10) のような単語の語末である．一番長い尾子音連続は英語では四つである．例えば，sixths/-ksθs/ や texts/-ksts/ である．これらをみると，複数形や過去形や序数詞といった別の形態素がついている場合が多い．単語末につくこうした別の形態素をとってしまうと，最大で三つの子音連続がみられる．以下に 3 子音連続と 2 子音連続の事例をみる．

3 子音連続を持つ単語はあまり多くない．

(9) 英語の尾子音の 3 子音連続（C1C2C3）
  a. 鼻音＋阻害音＋阻害音 against, amongst/ŋst/，tempt, mumps, lynx/ŋks/, instinct
  b. 流音＋阻害音＋阻害音 sculpt, mulct, calx/lks/, quarts

(9a) と (9b) で阻害音の前にある鼻音と流音はどちらも共鳴音である．(9a) と (9b) は「共鳴音＋阻害音」の組み合わせを持つ．この「共鳴音＋阻害音」という順序は世界の言語に普通にみられる尾子音の順序で無標の順序といえる．この順序を逆にした*/tɛptm/，*/tɛpmt/ のような尾子音連続は 1 音節語としては発音できない有標の順序である．そこで 3 子音連続では必ず C1 に共鳴音がくることがわかる．ただし，text や next/kst/ にみる 3 子音連続は例外的で，この場合，母音は必ず /ɛ/ であるため，これは母音 /ɛ/ と結合した慣用句のようなものと考えられている．また，3 子音連続ではその前の母音は必ず短母音になる．もう一つ注意しておきたいことは，3 子音連続の最後の子音は，いずれも /s/ や /t/ など歯茎子音だということである（竹林 1996 参照）．

次に，尾子音の 2 子音連続の場合をみよう．

(10) 英語の尾子音の 2 子音連続（C1C2）
  a. 鼻音＋阻害音 lens hand lamp rink/ŋk/
  b. 流音＋阻害音 bulb silk harp card horse/rs/ harsh work church
  c. 阻害音＋阻害音 last task rasp apt act axe/ks/ soft copse/ps/

(10a) と (10b) は阻害音の前に鼻音と流音を持つ．これも無標の「共鳴音＋阻害音」の組み合わせである．この順序を逆にした*/læpm/ のような尾子音連続はみられず有標である．一方，(10c) の子音連続には共鳴音がない．この場合には /sk/ を除き，最後の子音が /s/ や /t/ といった歯茎子音になる．この特徴は3子音連続と共通している．

英語は日本語に比べると，かなり複雑な尾子音連続を持つ．しかし，「共鳴音＋阻害音」という無標の並び方が基本である．頭子音も尾子音も，一見適当に並んでいるようでいて決まりがあることがわかる．英語教育を受けた我々は単語をみたときに子音連続から，英語か，英語ではないかといった判断ができる．これは英語を学習する過程で，英語らしい子音の並び方の規則性をみつける力をいつのまにか身につけているからである．

2.3.3 聞こえの山

頭子音と尾子音の子音連続をみると，子音の並び方に大きな原則があることがわかる．頭子音では「阻害音＋共鳴音」，尾子音では「共鳴音＋阻害音」の順序で子音が並ぶ．音節は「頭子音＋母音＋尾子音」からなっているので，全体としては，「阻害音＋共鳴音＋母音＋共鳴音＋阻害音」のようになる．母音は共鳴性の最も高い音であり，阻害音は共鳴性の最も低い音である．そこで音節という単位は，共鳴性という音の聞こえやすさ，すなわち**聞こえ度**（sonority）の程度に従って音素が並んでいる単位であると考えられる．この聞こえ度による音素配列の一般化を，**聞こえ連鎖の原理**（Sonority Sequencing Principle）という（3.3.1 項参照）．共鳴性を数値化した尺度が提示されており，それを聞こえ度という．(11) にスペンサー（1996）に従って，単純化した聞こえ度の尺度を提示する．聞こえ度1は一番低く，聞こえ度6は一番高い．

(11) 聞こえ度の尺度

    聞こえ度6： 母音　/aɪ, aʊ, æ, ɑ, eɪ, ɛ, ʌ, ɔ, oʊ, ɔɪ, iː, ɪ, uː, ʊ/
    聞こえ度5： 半母音　/j, w/
    聞こえ度4： 流音　/r, l/
    聞こえ度3： 鼻音　/m, n, ŋ/
    聞こえ度2： 摩擦音と破擦音　/v, ð, z, ʒ, ʤ, f, θ, s, ʃ, ʧ/
    聞こえ度1： 閉鎖音　/b, d, g, p, t, k/

2.3 英語の音節

英語の 1 音節語 trunk /trʌŋk/ と 2 音節語 thousand /θaʊzənd/ を聞こえ度からみてみよう．1 音節語では一つの聞こえ度の山ができ，2 音節語では二つの山ができる．

(12) 英語の単語の聞こえの山

```
聞こえ度   t  r  ʌ  ŋ  k     θ  aʊ  z  ə  n  d
```

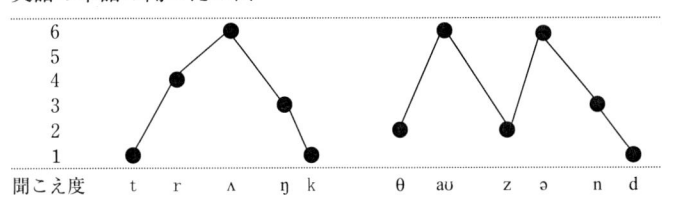

音節とは聞こえ度の高い母音を中心にして，聞こえ度の低い子音が集まった単位であることがわかる．例えば無声閉鎖音の /p/ を考えると，この音一つだけ発音したのではほとんど聞こえない．この音を /pa/ や /pop/ のように母音と結びつけて音節を形成することで，はじめて聞き手の耳に届く単位となる．

音節が聞こえの山をなすのは英語だけの現象ではない．日本語でも音節は聞こえの山をなす．日本語の「本」(/hoN/) と「食卓」(/sjokutaku/) の聞こえ度を (13) に示す．前者では一つ，後者では四つのピークがある．各々 1 音節語と 4 音節語である．

(13) 日本語の単語の聞こえの山

```
聞こえ度   h  o  N     s  j  o  k  u  t  a  k  u
```

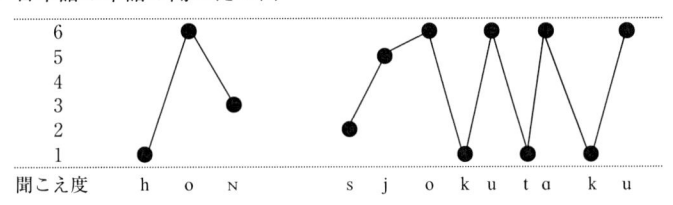

拗音 /sjo/ の部分をみよう．きれいな上り坂ができている．頭子音が /sj/ ではなく，/js/ の順序で並んだ場合にはこの母音への上り坂はできない．分節音の配置が聞こえ度によって決まっていることがわかる．

音節が聞こえの山をなすということは，英語や日本語という個別言語の音節だけでなく，人間の言語すべてに当てはまる大原則である．ただ，この原則に例外的な事象がないわけではない．その一つが英語の /s/ である．(14) に挙げる英語の単語は頭子音に /s/ を持つ．聞こえ度をグラフにしてみよう．

(14)

```
聞こえ度   s  t  r  ɪ  p
```

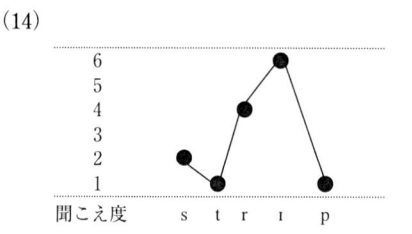

この単語には母音が一つしかなく1音節語で，聞こえの山は一つのはずだが，語頭で跳ね上がっている．/s/ の聞こえ度がその後の音よりも高いためである．2.3.1 項で頭子音の並び方をみたが，/s/ だけが特殊であった．/s/ だけが3子音連続のはじめにくることができるのである．しかもその3子音連続は聞こえ度の順序に従っていない．何か /s/ という音に特殊ななぞがありそうだが，いまのところ答は出ていない．

2.3.4 音節主音的子音

英語の音節には，/s/ のほかにもう一つ例外的な現象がある．それが本節で扱う音節主音的子音，つまり，母音のない音節である．英語の単語 apple /æpl/ や cotton /kɑtn/ は何音節であろうか．音素連鎖をみると母音は各々一つで1音節にみえるが，英語母語話者はこれらの語を2音節と感じる．綴り字をみると母音字が二つあり，2音節であることを示している．聞こえの山をみよう．

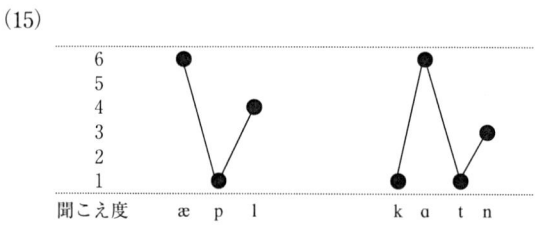

(15)

```
聞こえ度   æ  p  l     k  ɑ  t  n
```

母音は一つだが聞こえの山の頂点は二つである．聞こえ度の高い流音（特に /l/）や鼻音（特に /n/）の前に聞こえ度の低い閉鎖音のような子音がくると，流音や鼻音が頂点を作る．これらの子音が母音の代わりをして音節を形成するのである．こうした子音を **音節主音的子音**（syllabic consonant）という．方言によって，また語彙によってはこれらの子音の前に弱母音 [ə] を入れて発音する場合もあるが，入れないのが通常である．このように子音が音節主音的に振る舞うときは，

その下に「ˌ」の印をつけて [æpl̩] や [kɑtn̩] と表し，尾子音や頭子音とは区別する．

/l/ が代表的な音節主音的子音で，前にくる子音が歯茎音のときも，それ以外のときもある．音節主音的な /n/ は /t/, /d/ の後ろによくみられる．

(16) a. 音節主音的 [l̩] 歯茎音の後ろの場合　cattle　wrestle　muddle
b. 音節主音的 [l̩] 歯茎音以外の後ろの場合　apple　trouble　chuckle　struggle
c. 音節主音的 [n̩] 歯茎音の後ろの場合　eaten　button　sudden　redden

principle, idle, trouble では l の後ろに綴り字 e があり，principal, idol, travel では l の前に母音字がある．日本語話者は前者を「プリンシプル」，後者を「プリンシパル」のように下線部の母音を変えて発音することが多いが，どちらも同じく母音のない音節である．

2.3.5 音節構造

音節は母音の前後に子音がつながった単位であるといったが，母音と頭子音，尾子音はどのように結合しているのだろうか．理論的には次の三つの結合様式が可能である．

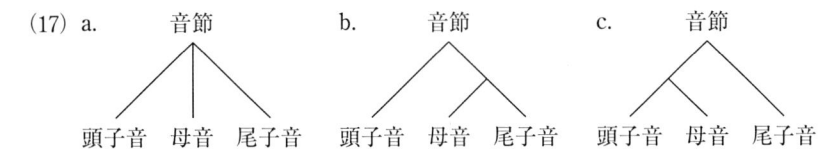

(17) a.　　音節　　　　b.　　音節　　　　c.　　音節
　　　 ／｜＼　　　　　　 ／＼　　　　　　 ／＼
　　頭子音 母音 尾子音　　頭子音 ／＼　　　／＼ 尾子音
　　　　　　　　　　　　　　 母音 尾子音　頭子音 母音

(a) は頭子音，尾子音，母音という3者が平等な立場で連合して音節を構成するもの，(b) は母音と尾子音が一つの**音節構造**（syllable structure）を形成し，そこに頭子音がつくもの，(c) は反対に頭子音と母音が音節構造を形成し，そこに尾子音がつくものである．日本語の場合は，自立モーラが「頭子音＋母音」で形成されることから (17c) の構造が仮定されている（2.2.3 項参照）．英語の場合には (18) にみるような詩における押韻などの証拠により，(17b) の構造が一般に主張されている．

日本語の韻文では「5・7・5」のようにモーラ数を一定にすることで韻文のリズムを作るが，英語の韻文では韻を踏むことで心地よいリズムを作る．英語の韻には脚韻と頭韻がある．(18) はマザーグースの童謡の一部で，下線部に脚韻がみられる．

(18) As your bright and tiny <u>spark</u>,
　　 Lights the traveller in the <u>dark</u>,
　　 Though I know not what you <u>are</u>,
　　 Twinkle, twinkle, little <u>star</u>.
　　 Twinkle, twinkle, little <u>star</u>,
　　 How I wonder what you <u>are</u>　　（マザーグース童謡集 *Twinkle, twinkle, little star*）

脚韻とは spark /spɑːrk/ と dark /dɑːrk/，are /ɑːr/ と star /stɑːr/ の下線部のように，母音とその後ろが同じ音連鎖になるものをいう．母音の前の子音は違っていてもよい．つまり，頭子音は同じである必要はなく，母音と尾子音が同じ音連鎖だと心地よいリズムを感じるというのが脚韻である．

一方，頭韻は (19) の下線部にみるように頭子音 (C1) が同じものをいう．頭子音以外は一致する必要はない．

(19) a. 成句　"<u>b</u>usy as a <u>b</u>ee", "<u>d</u>ead as a <u>d</u>oornail", "<u>g</u>ood as <u>g</u>old"
　　 b. 漫画のキャラクター　<u>B</u>eetle <u>B</u>ailey, <u>D</u>onald <u>D</u>uck, <u>M</u>ickey <u>M</u>ouse
　　 c. スポーツチーム名　<u>B</u>uffalo <u>B</u>ills, <u>S</u>eattle <u>S</u>eahawks, <u>P</u>ittsburgh <u>P</u>enguins
　　 d. 店名　"<u>C</u>offee <u>C</u>orner", "<u>S</u>ushi <u>S</u>tation", "<u>B</u>est <u>B</u>uy", "<u>C</u>ircuit <u>C</u>ity"
　　 e. 韻文　<u>C</u>areless <u>c</u>ars <u>c</u>utting <u>c</u>orners <u>c</u>reate <u>c</u>onfusion

以上，英語の韻の踏み方をみると，音節内部で頭子音とそれ以外との間に区切りがあることがわかる．そこで英語では音節が (17b) の構造を持つとされる．(17b) の構造では母音と尾子音が結合して一つの単位を作る．これを**ライム** (rhyme: R) と呼ぶ．脚韻で同じ音になる部分である．(17b) の構造にライムという単位を付して再掲する．他の単位名も英語の頭文字とする．音節 (syllable: S)，頭子音 (onset: O)，尾子音 (coda: C)，母音は音節の中核であり，**音節核** (nucleus) を表す N として表示する．

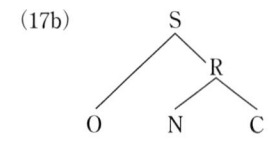

(17b)
```
      S
     / \
    /   R
   /   / \
  O   N   C
```

2.3.6 音節区切りと最大頭子音原理

(17b) を使って 2 音節語 captain /kæptən/ の音節構造を作ってみよう．まず，聞こえの山の頂点である母音をみつけ，そこに音節核（N）を記す．N の上に R（ライム）を記す (20a)．次に，母音の左の子音をオンセット（O）に結合する (20b)．最後に残る母音の右の子音をコーダ(C)として R に結合する (20c)．kæp.tən と音節区切りされる．

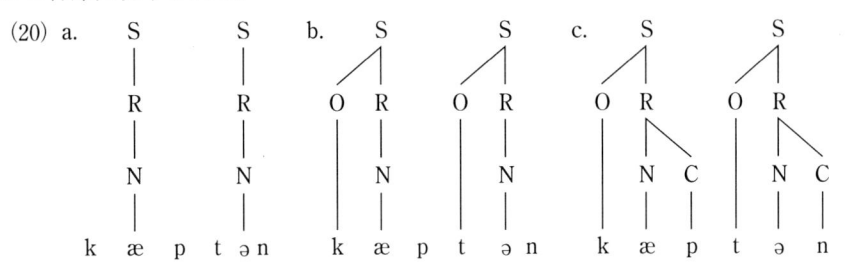

(20) a.　　　S　　　　S　　b.　　S　　　　S　　c.　　S　　　　S
　　　　　　 |　　　　 |　　　　　／|　　　／|　　　　 ／|　　　／|
　　　　　　 R　　　　R　　　　O　R　　O　R　　　　O　R　　O　R
　　　　　　 |　　　　 |　　　　　 |　|　　 |　|　　　　 |　|＼　 |　|＼
　　　　　　 N　　　　N　　　　　 |　N　　|　N　　　　 |　N　C　|　N　C
　　　　　　 |　　　　 |　　　　　 |　|　　 |　|　　　　 |　|　|　|　|　|
　　　　　　 æ　　　　ə　　　k　æ　p　t　ə　n　　k　æ　p　t　ə　n

ここで注意を要するのが語中の子音連続 /pt/ である．(20b) で /t/ のみを頭子音としたが，それはなぜか．どうして /pt/ がともに第 1 音節の尾子音になったり，第 2 音節の頭子音になったりしないのだろうかというと，それは頭子音が尾子音に優先するという原理があるからである．これを**最大頭子音の原理**（Maximal Onset Principle）という（3.3.1 項参照）．(20) をみると，(b) でまず英語で可能な頭子音連続を頭子音として決定してしまう．/pt/ は「阻害音＋阻害音」の組み合わせであり，英語の頭子音にはありえないので，/t/ のみが頭子音となり，残った /p/ が尾子音となる ((20c) 参照)．apt という単語にみるように，/pt/ は英語の尾子音として不可能ではない．しかし，頭子音に優先権がある．最大頭子音原理は英語の音節区切りのために勝手に作った原理ではない．世界の言語において頭子音を持つ音節（CV）が，頭子音がない音節（V，または VC）より基本的であるという観察に基づいて作られた原理であり，他の言語にも当てはまる（6.2 節参照）．

さて，canopy (/kænəpɪ/) の音節区切りをみておこう．この単語は 2.1.5 項で心理言語学の区切りの実験に使われていた単語である．母音間の子音は一つであり，最大頭子音の原則により，全て頭子音と分析され，(a) /kæ.nə.pɪ/ のようになるはずだが，母語話者は (b) can|opy /kæn.ə.pɪ/ のように /kæn/ の後ろに音節区切りをおく．これは canopy の第 1 音節が，強勢を持つ短母音だからである．英語では強勢を持つ短母音は必ず次に尾子音を持つ．つまり，英語には *kæ/ のような

強勢のある短母音で終わる音節もないし，単語も存在しない．そこで (a) ではなく (b) が選ばれることになる．英語では強勢を持つ短母音の音節を閉音節にしようとする力が働く．これについては 2.4.2 項で再度検討する．

第 1 音節に二重母音を持つ単語 climate の音節区切りをみてみると，最大頭子音の原則により /kláɪ.mət/ となる．第 1 音節が */kláɪm.ət/ のように閉音節になることはない．同じことが captain の場合にもいえる．英語の綴り字の法則からすると，文字 a は /æ/ だけでなく /eɪ/ と発音することもできるが，captain の第 1 母音を /eɪ/ と発音して */kéɪp.tən/ となることはない．なぜだろうか．*/kéɪp.tən/ では第 1 音節が */kláɪm.ət/ と同じく，「二重母音＋尾子音」になってしまうからである．「短母音＋尾子音」はよいが，「二重母音／長母音＋尾子音」は英語では許されない音節である (2.4.1 項参照)．この連続が英語で許されないことは英語の派生形をみるとよくわかる．five に接辞-ty がつくと，*/fáɪv.tɪ/ とはならず，/fíf.tɪ/ となる．また，動詞 deceive も接辞-tion がつくと，*/dɪ.síːp.ʃən/ とはならず，/dɪ.sép.ʃən/ となる．「二重母音／長母音＋尾子音」は英語では許されないので母音が変化する (ただし，この制約には mountain /máʊn.tn/, counter /káʊn.tər/, chamber /ʧéɪm.bər/ の第 1 音節にみるような例外がある)．この制約は 2.4.1 項で再検討する．

ここで，restaurant /réstərənt/, restate /rɪstéɪt/ の音節構造を考える．母音の数を数えると音節数がわかる．restaurant は 3 音節，restate は 2 音節である．さてどちらも語中に子音連続 /st/ を持つが，音節区切りは次のように異なる．/rés.tə.rənt/, /rɪ.stéɪt/．前者は語強勢が第 1 音節にあるので，短母音の強勢音節を閉音節にしようとする力が働き，/s/ が第 1 音節の尾子音となる．一方，後者では語強勢は第 2 音節にあるので，最大頭子音の原則により /s/ は第 2 音節の頭子音となる．

さて，語中の /s/ がどちらの音節に属しても大した問題ではないと思う人もいるかもしれない．ところが，この区切りによって説明できる現象がある．1.6 節で学んだ無声閉鎖音の帯気音化を思い出してほしい．強勢のある音節のはじめに無声閉鎖音の /t/ があると帯気音化をおこす．restate が /rɪ.stéɪt/ という区切りだとすると，この規則は帯気音化がおきないことを予測する．/t/ が音節はじめにないからである．一方，restate が /rɪs.téɪt/ という区切りだとすると，帯気音化がおきることを予測する．英語の事実をみると restate では帯気音化はおきない．そこ

で /rɪ.stéɪt/ の区切り方は言語事実を正しく説明しているといえる．一方，/s/ のない retake /rɪ.téɪk/ では帯気音化がおきる．この区切り方は最大頭子音原理によるものであり，その正しさがここで証明されている．

英語の音節構造はかなり複雑である．*/fáɪv.tɪ/ や */dɪ.síːp.ʃən/ の下線部の音節が大きすぎて許されないことからわかるように強勢音節の大きさには制限がある．しかし，それは語中音節の場合である．語末音節では事情が変わる．deside (/dɪ.sáɪd/), deceive (/dɪ.síːv/) をみてみよう．語末音節が「二重母音 / 長母音 + 尾子音」になっている．これは語末にだけみられる現象で，語末には末尾に特殊なスロットがあると仮定されている．語末ではこのスロットに尾子音が入るので，大きな音連続が許される．

2.3.7 英語における音節の機能
a. 音声を区切り，語の長さを測る単位

音節区切りは身近なところに使われている．2.3.1 項で英語母語話者が単語を区切るときに音節を使うことをみた．また，英語の歌唱における音符は各音節と対応していた．ほかにも短縮語を作る過程 (21) や混成語を作る過程 (22) では，音節区切りで単語が切り取られることが多い．混成語とは複数の語の一部を切り取り，それを合成して作る新語である．

(21) 短縮語
  a.　人名 E.liz.a.beth → Liz / Beth Nich.o.las → Nick Eu.gene → Gene
  b.　普通名詞 re.frige.ra.tor → fridge gas.o.line → gas te.le.phone → phone

(22) 混成語
  jumbrella (jumbo + umbrella) sitcom (situation + comedy)
  netizen (internet + citizen) netiquette (network + etiquette)

音節は英語の単語の長さを測るときにも使われる．英語の比較級と最上級を考えてみると，形態素 -er, -est をつける場合と more, most をつける場合がある．どちらになるかは，単語の長さによる．その長さは音節で測る．分節音の数や綴り字の数ではない．useful と smart の分節音の数はどちらも 5 であり，綴り字の数は useful が 6，smart が 5 である．しかし，比較級形成で長いと判断されて more, most をつけるのは 2 音節語の useful の方である．1 音節語の smart は -er, -est をつける．

Americaという単語は4音節であり，Britainは2音節であるということは，長さが4対2なのでBritainはAmericaの半分の長さ（＝時間）で発音されるという意味ではない．ここでいう長さとは音韻的な長さであって，音声的な長さではない．英語母語話者の心理的な長さである．

b. 強勢を担う単位

　日本語母語話者の中には英語のdramやstressを発音するときに，「ド<u>ゥ</u>ラム」とか「ス<u>トゥ</u>レス」のように下線部にアクセントをつけて発音する人がいる．これは日本語の語アクセント規則を使って，語末から3番目のモーラにアクセントをつけているわけだが，英語で考えるといかにも奇妙である．/d/とか/t/といった頭子音の一部に母音を小さくつけてむりやりアクセントを持たせているのである．この事例からわかるように，アクセント（英語では強勢という）を子音が担うことはできない．強勢は音節が担うものである．日本語と英語はアクセントの表現方法（日本語は高さアクセント，英語は強さアクセント）は異なるが，アクセントを音節が担うという点では共通している．2.2.1項でみたように，日本語でも語アクセントをモーラではなく音節が担う．

　語強勢位置を付与する規則についても，英語では音節が働いている．日本語では，語末から3番目のモーラにアクセントがくるというようにモーラを単位としてアクセント位置が決まるが，英語では語強勢の位置は語末から数えて2音節目か3音節目というように音節で決まる．2音節目になるか3音節目になるかについては，音節の形が決め手となる．詳細は2.4.1項および3.3.2項をみてほしい．

　各言語には固有のリズムがあるが，英語では音節がリズムの基本単位となる．日本語はモーラがほぼ同じタイミングで繰り返すモーラタイミングの言語であるが，英語は強勢のある音節がほぼ同じタイミングで繰り返す強勢リズムの言語である．日本語ではモーラがリズムを作り，英語では強勢音節と強勢のない弱音節の連合がリズムを作る．

　ここでは英語と日本語の音節の形を比較し，音節の働きのいくつかを観察した．どの言語でも音節を使って，音素の並び方が示され，アクセントが担われる．また，第1章でみた帯気音化では，音節内の音素の位置が決め手となって現象が起きる．帯気音化は音節を設定してはじめて説明できる現象である．音節は英語や日本語だけでなく世界中の言語の音声の基本単位である．

2.4 英語のモーラ

2.4.1 英語のモーラの必要性と最大性制約

2.2節で，日本語の音韻現象の説明に音節とモーラの両者が必要であることがわかった．2.3節では英語の音韻現象の説明に音節が必要であることをみた．さて，本節では英語音韻分析にモーラが必要なことを，英語の音韻現象，特に短母音化，短縮語形成，英語語強勢の規則からみる．

(23) に英語短母音化のデータを掲げる．これは語末に形態素-ity, -tion, -ive, -ual などがつくと，その前の母音が短くなる現象である．

(23) 英語短母音化
a. [aɪ] ~ [ɪ]　fi<u>ve</u> ~ fi<u>f</u>ty,　pr<u>i</u>me ~ pr<u>i</u>mitive,　dev<u>i</u>ne ~ div<u>i</u>nity
b. [eɪ] ~ [æ]　gr<u>a</u>de ~ gr<u>a</u>dual,　v<u>ai</u>n ~ v<u>a</u>nity,　c<u>a</u>ve ~ c<u>a</u>vity
c. [iː] ~ [ɛ]　perc<u>ei</u>ve ~ perc<u>e</u>ption,　br<u>ie</u>f ~ br<u>e</u>vity,　rec<u>ei</u>ve ~ rec<u>e</u>ption
d. [uː] ~ [ʌ]　red<u>u</u>ce ~ red<u>u</u>ction,　prod<u>u</u>ce ~ prod<u>u</u>ction

各対の左の語の母音は (23a) と (23b) では二重母音，(23c) と (23d) では長母音である．つまり，左の語はどれも語末音節が「二重母音または長母音＋子音」からなる．これに接尾辞がつくと，*/faɪv.tɪ/ (23a)，*/greɪdʒ.ʊ.əl/ (23b)，*/pərsiːp.ʃən/ (23c)，*/rɪ.duːk.ʃən/ (23d) となるはずである．だが，実際には下線部で母音変化がおきて右の語ができる．なぜ短母音化するのだろうか．左の語では下線部の母音は語末音節にあるが，右の語では語末音節ではない．これがポイントである．英語の音節をみると語末音節は特殊で，語中では許されない連鎖が許される (2.3.6項参照)．左の語にみるように語末音節では「二重母音または長母音＋子音」の音節が許されるが，右の語にみるように語末音節以外では許されない．英語には語中に「二重母音または長母音＋子音」からなる音節があってはならないという制限がある．これは音節の重さへの制限で**最大性制約**（maximality constraint）と呼ばれる．

さて，音節の重さとは何で，どのように測るのだろうか．ここで (23) の左の語の下線部が「二重母音または長母音＋子音」であることに注目しよう．二重母音の音節と長母音の音節が同じように短母音化する．短母音化という共通の振る舞いをするのは，この2種類の音節の重さが同じであるためだと考える．音節の重

さをモーラという単位で捉える．短母音で終わる音節は1モーラであり，二重母音や長母音で終わる音節はともに2モーラであると考える．さらに，音節が尾子音を持つと1モーラ増えると考えて，five (23a) と brief (23c) の変化をモーラ数でみてみよう．M はモーラ構成を示し，M の数はモーラ数を示す．

(24) 二重母音　 five /faɪv/ M M M ～ fifty /fɪf.tɪ/ M M
　　 長母音　　 brief /briːf/ M M M ～ brevity /brɛv.ɪ.tɪ/ M M

二重母音を持つ five も長母音を持つ brief も3モーラ音節からなるが，これらに接辞がついて語末音節でなくなると，短母音化して2モーラ音節（下線部）になる．モーラの導入で，二重母音と長母音を持つ音節が重さという共通性を持つことが捉えられる．

　尾子音も1モーラであると考えたが，その根拠はどこにあるのだろうか．2.3.7項でみた英語語強勢位置の付与規則に答がある．英語の語強勢は語末から数えて2音節目の音節が決め手となる．その音節が2モーラか1モーラかで語強勢位置が決まる（3.3.2 項参照）．

(25) a. A.mé.ri.ca　　me.tró.po.lis　　pá.ra.chute
　　 b. a.ré.na　　　o.á.sis　　　　 a.ba.ló.ni
　　 c. ve.rán.da　　u.tén.sil　　　 a.mál.gam

(25a) は語末から左へ数えて3音節目に語強勢がくる．(25b) と (25c) ではどちらも語末から数えて2音節目に語強勢がくる．(25a) をみると，語末から2番目は短母音の音節で1モーラである．一方，(25b) では語末から2音節目は「長母音か二重母音」の音節で，2モーラである．(25c) では語末から2音節目は「短母音＋尾子音」の音節である．(25b) と (25c) では強勢はこの音節にある．つまり，どちらも強勢を自分に引き寄せるわけで，両者に共通性があることがわかる．その共通性をモーラで捉えることができる．つまり，「長母音か二重母音」の音節 (25b) が2モーラなのだから，同じ働きをする「短母音＋尾子音」の音節 (25c) も2モーラだということになる．短母音が1モーラなので，尾子音は1モーラと数えることになる．

　英語には「二重母音または長母音＋子音」からなる音節が語中にあってはならないという最大性制約がある．この制約は英語の音韻分析にモーラを使うことで一般化することができる．すなわち，「3モーラ以上の音節が語中にあってはならない」と定義され，音節の重さの上限を制限する．英語の語中ではこの制約が働

くが，語末ではゆるい．

　この制約は英語だけのものではない．多くの言語でこの制約が作用していることがわかってきている．日本語でも「グラウンド」(/gu.rau<small>N</small>.do/) は通常「グランド」(/gu.ra<small>N</small>.do/) と発音される．前者の下線部にみられる3モーラ音節が回避され，2モーラ音節になっている．ほかにも「ファウンデーション」が「ファンデーション」，「ステインレス」が「ステンレス」，「エインジェル」が「エンジェル」，「マシーンガン」が「マシンガン」などがある．

2.4.2　英語のモーラの形と最小性制約

　日本語でモーラというとき，それはCVCの音節をCVとCに分解した下位単位であった．英語でもモーラとは音節より小さな，音節を分解した単位である．日本語ではモーラは直感的にも音韻的にも長さに結びついていたが，英語では長さは音節で測るものであり，モーラはもっと抽象的な音節の重さを測るものである．そこで，1モーラの音節を**軽音節**（light syllable），2モーラの音節を**重音節**（heavy syllable），3モーラ以上の音節を**超重音節**（super-heavy syllable）と呼ぶ．

　2.4.1項では二重母音と長母音が短母音化で同じ働きをすることを，モーラを使って示した．つまり，この両者はともに2モーラの重さを持つ．これをVVで表示する．「短母音＋尾子音」も2モーラの重さである．これをVCで表示する．さて頭子音だが，その子音数はモーラに関係しない．(24) のfive/faɪv/の音節では頭子音は一つ，一方brief/bri:f/の音節では頭子音は二つであるが，どちらも3モーラ音節である．そこで，頭子音を（　）に入れて表示する．これにより，英語の音節タイプとそのモーラ数は(26)のようになる．右端に英語の事例を示す．

(26) a. 軽音節（1モーラ）　　　(C)V　　　　a, the
　　 b. 重音節（2モーラ）　　　(C)VV / (C)VC　　stay /steɪ/，　screw /skrju:/，
　　 　　　　　　　　　　　　　　　　　　　　　Ann /æn/
　　 c. 超重音節（3モーラ）　　(C)VVC　　eat /i:t/，　strike /straɪk/，
　　 　　　　　　　　　　　　　　　　　　cream /kri:m/，　tact /tækt/

　さて，英語の短縮語のデータ(21)をもう少しみてみよう．短縮された語には特徴がある．Liz (CVC) にみるように2モーラの語もあるし，Eugene → Gene (CVVC)，telephone → phone (CVVC) にみるように3モーラの語もある．しかし，1モーラの語は存在しない．例えば，refrigeratorを短縮して，2モーラ語のfridge

(CCVC) とはいっても *fri (CCV) と1モーラ語にすることはない．これを**最小性制約**（minimality constraint）という．つまり，短縮形のように新しく単語を形成するときには，最小でも2モーラなくてはならないという制限である．(27) の短縮語をみよう．

(27) influenza [ɪnflʊénzə] 〜 flu [fluː]
professional [prəféʃənl] 〜 pro [proʊ]

左側の語を音節ごとに区切ると，in.flu.en.za, pro.fess.io.nal のようになる．下線部が短縮語として切り出された音節である．この音節はいずれも短母音からなり尾子音がないので1モーラの音節である．ところが短縮語として切り出されると [fluː], [proʊ] のように長母音や二重母音の2モーラ音節になっている．これは最小性制約があるため，1モーラ語は許されないからである．

最小性制約は英語だけの制約ではなく，世界のどの言語にもある制限である．日本語でもこの制約が働いている．日本語の短縮語には「アマ（チュア）」「（アル）バイト」「ダイヤ（モンド）」などがあるが，ここでも1モーラの短縮語はない．ここにも最小性制約が働いている．この制約を音節で述べることはできない．許容される短縮語の fridge も1音節であり，許容されない短縮語の *fri ([frɪ]) も1音節だからである．「1音節語は禁止」というような音節を使った制約では示せないのである．モーラという単位が音節とは別に必要なことがわかる．

日本語でも英語でも最小性制約は作用するが，英語の方が日本語より制約が厳しい．2.3.6 項で，*/kæ/ のような短母音で終わる音節が英語では許されないことをみた．これは1モーラの音節であり，最小性制約により禁止される．日本語では「蚊」(/kɑ/) のように1モーラの単語も存在しており，最小性制約は新造語にのみ適用する制約となっている．一方，英語では全ての語彙に適用する制約である（6.2節参照）．

2.5　世界の言語におけるモーラと音節

本章は音節とモーラという単位が母語話者の心理においても，また，理論的にも存在することを日本語と英語のデータからみてきた．だが，音節とモーラが存在するのは英語と日本語だけではない．この二つの単位は言語音の分析，つまり世界中の言語の分析にとって必要な単位である．本章でみてきた二つの単位の定

義，すなわち，音節とは聞こえ度の高い母音を中心として音素が集まった単位であり，モーラとは音節の重さを測る単位であるということは全ての言語に当てはまる．一方，どのような音節タイプを認め，どのような音節タイプを禁じるかは各言語の特性である．モーラについても音節の中の何を1モーラとするかは言語ごとに異なる．

　日本語の音節は英語と比べると単純な構造をしている．身体語や数字などの基礎語彙を対象とした調査では，日本語の音節の大半（90%）が母音で終わる音節（これを開音節という）で，閉音節（尾子音を持つ音節）は10%程度といわれ，日本語は**開音節言語**（open syllable language）と呼ばれる．開音節言語は他にもイタリア語，スペイン語，フィジー語，ヨルバ語などがある．一方，英語の音節は典型的な閉音節言語である．基礎語彙850語を調査した結果によると，その85%が閉音節である．中国語や朝鮮語も**閉音節言語**（closed syllable language）である．世界中の言語を調査すると開音節だけの言語はあっても，閉音節だけの言語はないこと，また閉音節を持つ言語には必ず開音節があるが，その逆は成り立たない．こうしたことから，開音節が無標の音節タイプで，閉音節は有標の音節タイプとされている．

コラム 1 ● 借用語音韻論

　借用語（または外来語）というとまず英語からの語彙が思い浮かぶが，漢字で表記される語彙も古い時代に中国語から借用された語である．また，オランダ語から入った語彙やドイツ語から入った語彙もある．これらの借用語には，漢字表記かカタカナ表記かという違いはあるが，音韻論的にみると共通点がある．それは挿入母音と促音，撥音である．例えば「学校」という漢語は促音を持つが，促音も撥音も平安時代に中国語を取り入れる際に導入された音である．「学校」の「学」（/gak/）は「学問」という語では /gaku/ と発音する．最後の /u/ は挿入母音である．借用元の漢語にはない母音を挿入して，日本語の音節構造に合うようにしたものである．英語からの借用語をみると類似の音韻現象が起きている．「back」という語は借用して「バック」/bakku/ となる．語末に原語にはない母音 /u/ が挿入される．

　挿入母音は /u/ のほかに二つある．「バット」(bat) や「バッド」(bad) など英語の /t/, /d/ の後に現れる /o/ と，「ブラシ」(brush) や「ケーキ」(cake) など比較的古い時代に借用された語に多くみられる /i/ である．なぜこの三つの母音が挿入母音になっているのだろうか．日本語には短母音が五つあるが，/u/ と /i/ が一番短く聞こえ度も低い．挿入母音として最も目立ちにくい母音が選ばれているとい

える．また，/t/, /d/ の後に現れる /o/ については，/u/ や /i/ を挿入できない事情がある．bat と bad の語末に /u/ を挿入すると，/battu/, /baddu/ となり，そのままでは発音できず，各々 [battsu], [baddzu] と音変化をおこす．[i] を挿入した場合も /batti/, /baddi/ では日本語として発音できないので，各々 [battɕi], [baddʑi] と音変化をおこす．音変化をおこさないですむ挿入母音が /o/ である．英語の /t/, /d/ の音質をできるだけ忠実に表現するために挿入母音が選ばれたと考えられる．

　もう一つ，英語からの借用語で音韻論的に興味深いのが促音の存在である．back /bæk/ にしろ，bat /bæt/ にしろ，英語の発音記号をみると促音にあたるものはない．しかし，日本語母語話者は促音があると感じる．このことから，英語の音声に何か促音的なものがあり，英語母語話者は気づかないが，日本語母語話者には促音と知覚されると考えられることが多い．しかし，英語音声を聞いて促音を知覚するかどうかという実験を行うと，日本語母語話者の反応は一律ではない．一方，カタカナ化された語彙をみるとほぼ一律に促音の有無が決まっている．例えば「ヒット」(hit) には促音があり，「ヒート」(heat) には促音がない．hit のように，原語で閉鎖音が短母音の後ろに続くと促音が現れ，heat のように長母音の後ろに続くと促音が現れない．*「ヒーット」のような事例は皆無である．*「ヒーット」は長母音の後に促音を持ち，3モーラ音節を持つことになる．そこで最大性制約により促音が入らないと考えられる．一見，借用語の促音は知覚情報に依存しているように思われるが，日本語の音韻制約が知覚情報をコントロールしていることがわかる（川越・荒井 2002, Kubozono *et al.* 2008 を参照）．

より深く勉強したい人のために

- 窪薗晴夫 (1999)『日本語の音声（現代言語学入門2）』岩波書店．
  日本語の興味深い音韻現象を豊富に使って言語学の分析方法を理解させてくれる本である．初・中級者向き．
- 窪薗晴夫・太田　聡 (1998)『音韻構造とアクセント（日英語比較選書10）』研究社．
  日英語は表層ではまるで違う言語のようにみえるが，奥深く探っていくと，共通の原理に基づいているということをしっかりと理解させてくれる本である．初・中級者向き．
- 窪薗晴夫・本間　猛 (2002)『音節とモーラ（英語学モノグラフシリーズ15）』研究社．
  モーラ言語とされる日本語になぜ音節が必要か，音節言語とされる英語になぜモーラが必要かを広範な言語現象の分析により精密に立証した本である．中級者向き．

演習問題

1. 英語で書かれた歌詞をみて，韻を調べなさい．
2. 次の英語と日本語の単語が何音節か，また，各音節が何モーラかを述べなさい．
   a. dove trophy oasis straight bottle immigration
   b. 中国 台湾 北海道 別府 ミャンマー トロント キューバ
3. 「パソコン」（パーソナルコンピューター），「レスカ」（レモンスカッシュ）など，日本語の複合語からの短縮語を調べて，もとになった複合語の各構成要素から何モーラをとって短縮語を形成しているかを調査しなさい．例えば，「パソコン」では，「パーソナル」から2モーラ，「コンピューター」から2モーラをとり，2モーラ＋2モーラの短縮語を形成している．調査をもとにして，1モーラ＋1モーラの短縮語は存在するかどうかなど，モーラ数に関わる制約を考えなさい．
4. 本文（21）にあるような英語の人名や普通名詞の短縮形の事例を挙げ，その音節構造を調べなさい．

文 献

伊藤友彦・辰巳 格（1997）「特殊拍に対するメタ言語知識の発達」『音声言語医学』38(2)：196-203．

氏平 明（1996）「歌唱に見る日本語の特殊モーラ」音韻論研究会（編）『音韻研究――理論と実践』開拓社．

川越いつえ・荒井雅子（2002）「借用語における促音」『音声研究』6(1)：53-66．

竹林 滋（1996）『英語音声学』研究社．

Kubozono, Haruo (1989) "The Mora and Syllable Structure in Japanese: Evidence from Speech Errors," *Language and Speech* **32**: 249-278.

Kubozono, Haruo, Junko Ito and Armin Mester (2008) "Consonant Gemination in Japanese Loanword Phonology," *Proceedings of the 18th International Congress of Linguists*, CD-ROM version.

Otake, Takeshi, Sally M. Davis and Anne Cutler (1995) "Listeners' Representations of Within-Word Structure: A Cross-Linguistic and Cross-Dialectal Investigation," *Proceedings of the 4th European Conference of Speech Communication and Technology* 3, 1703-1706.

Otake, Takeshi and Kiyoko Yoneyama (1999) "Listeners' Representations of Within-Word Structure: Japanese Preschool Children," *Proceedings of the 6th International Conference on Speech Communication and Technology* 3, 141-144.

Spencer, Andrew (1996) *Phonology: Theory and Description*, Oxford: Blackwell.

Vance, Timothy J. (1987) *An Introduction to Japanese Phonology*, Albany: State University of New York Press.

第3章 日本語のアクセントと英語の強勢

吉田優子・三間英樹

3.1 韻律の類別——アクセントと強勢

　言語において，抑揚や**卓立**（prominence）を表す**韻律**（prosody）の果たす役割は**分節音**（segment）と並んで大きい．韻律は語に意味の対立を持たせるのと同時に，コミュニケーションにおいて聞き手の理解を助ける役目も任う．韻律のない平坦な文を読んでもなかなか意味が伝わりにくいものである．この章では主に語の区別をする韻律に焦点を当て，日本語の**ピッチアクセント**（pitch accent）と英語の**強勢**（stress）の特徴，すなわち**超分節的**（suprasegmental）要素の特徴について説明する．「超分節的」とは，「一つ一つの分節音より大きな範囲に関係する」という意味であり，語に生じるピッチアクセントや強勢は，超分節的な要素である（同様に第2章でみた音節やモーラという単位も超分節的要素である）．

　韻律の性質から言語を分類すると，大きく分けて**アクセント**（accent）言語と**声調**（tone）言語に分けられる．さらにアクセント言語は，強勢アクセント言語とピッチアクセント言語の二つに分割される．アクセントの音声具現は，強勢アクセント言語では強さであり，代わってピッチアクセント言語ではピッチの高さである．強勢には該当音節に強さのみならずピッチの高さと音量を伴い，母音の長さも強勢のない音節より長くなる．また充分な長さがある語において**第1強勢**（primary stress）のみならず，**第2強勢**（secondary stress）といった副次強勢が現れるのも特徴である．ピッチアクセント言語では，アクセントのあるモーラが高くなるが，(1) に示すように言語や方言によっては，このピッチの近隣のモーラへの波及（spreading）がみられることがある．このピッチの波及があるために副次強勢はあまり観察されない．分析によっては日本語などのピッチアクセント言語は，そのピッチの抑揚のために声調言語とされることもあるが，声調言語では以下の (2) に示すように，音節もしくはモーラごとに声調が語彙指定されているので，ピッチアクセント言語のように，アクセント位置が判明すれば同じ語や句

の中のピッチパターンが予測できるということはない．そのため，声調言語とピッチアクセント言語は分類的には異なる．韻律によって言語を類別すると，以下の (1) と (2) のようになる．

(1) ◇アクセント言語
　　■強勢アクセント　　例：英語，スペイン語，ロシア語
　　　英語の例：　　強勢（他より強い）　　　第 1 強勢
　　　　　　　　　　　　↓　　　　　　　　　　↓
　　　　　　　　　　a mé ri ca　　　　　sè ren dí pi ty
　　　　　　　　　　　　　　　　　　　　　　　↑
　　　　　　　　　　　　　　　　　　　　　第 2 強勢
　　■ピッチアクセント　　例：日本語，バスク語，クロアチア語
　　　バスク語の例（上部の棒線は高ピッチ，「'」はアクセント位置を表す）：
　　　le' ku（a girl）　gun tzu rru' nek（kidneys）
　　　　　　　　　　　　　　　↑
　　　　　　　　　　　　ピッチの波及
(2) ◇声調言語　　例：中国語，タイ語，イグボ語（ナイジェリア）
　　　中国語の普通話（北京方言）の四声の例：
　　　　　　　　　　　　　　声調レベル　1（低)-5（高）
　　　a. mā　　（母）　　第 1 声　　　　55
　　　b. má　　（麻）　　第 2 声　　　　35
　　　c. mǎ　　（馬）　　第 3 声　　　　214
　　　d. mà　　（罵る）　第 4 声　　　　51

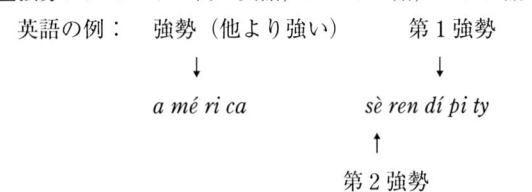

この中国語の普通話（北京方言）の四声の例のように，それぞれ同じ分節音 'ma' から成り立つ音節に，異なった 4 種類の声調が語彙情報として各語に含まれており，語彙の意味の対立を作っている．この各音節の声調パターンは語彙指定であるため，予測ができない．

3.2　日本語標準語のアクセント

3.2.1　語彙アクセント

日本語には例えば，「さけ（鮭）」と「さけ（酒）」のように各モーラに高（H）低（L）のピッチの差があることによって意味の対立が出る場合がある．日本語

の標準語においては「鮭」は HL,「酒」には LH となる．ここで，共通語における和語のピッチパターンをみてみよう．それぞれの語に助詞の「が」がついたらどうだろうか．以下，アクセント位置はアクセント核の直後に「⌉」で示す．

(3) a. は⌉(歯)　　は⌉が
    b. は(葉)　　は が

例えば歯 (3a) と葉 (3b) は単体，すなわち「が」がつかなければピッチの区別はつかない．(3a) の「歯」には語彙アクセントがあり，そのアクセント核のあるモーラはピッチが高いが，後続するモーラ，例えばここでは助詞の「が」の部分はピッチが下がる．これは他の助詞，例えば「は，も，に」などと置き換えても同じである．これに対して (3b) の「葉」には語彙アクセント，すなわち**アクセント核**がないため，同じアクセント句の最後尾のモーラのピッチが高くなる．次に2 モーラと 3 モーラの和語をみてみよう．

(4) a. あ⌉め (雨)　　あ⌉めが
    b. はな⌉(花)　　はな⌉が
    c. とり (鳥)　　とりが
    d. ま⌉くら (枕)　　ま⌉くらが
    e. ここ⌉ろ (心)　　ここ⌉ろが
    f. はかま⌉(袴)　　はかま⌉が
    g. さくら (桜)　　さくらが

「花 (4b)」と「鳥 (4c)」のペアと「袴 (4f)」と「桜 (4g)」に関しても名詞単体ではピッチパターンに差がないが，「が」をつけることによって違いが生じてくる．語彙アクセントは，分布には差こそあれ，語のどの位置につくことも可能である．さらに語彙的にアクセントが存在しない無アクセント語もあるので，語中のモーラ数を n とすると $n+1$ 通りのピッチパターンの可能性があることがわかる．このようなピッチの違いはそれぞれの文節音が違うのと同じように語彙情報としてそれぞれの語に備わっている．

　アクセント位置が定まればマッコーレイのアクセント規則 (McCawley 1968) による説明通り，標準語のピッチパターンが予測できる：1) アクセント核から左へ高ピッチが波及，2) アクセントより後ろは低くする，3) 第 1 モーラにアクセントがない場合は低くする．この 3 番目の規則は**第 1 モーラ低ピッチ化規則** (initial lowering. Haraguchi 1977 参照) と呼ばれるが，(5) に示すように，第 1 モーラが

二重母音（diphthong）や長母音の一部である場合，そして第2モーラが撥音である場合には，適用されないことがある．

(5) a. おお￣あ￣1げは　～　お￣おあ￣1げは
    b. か￣いが￣1ら　～　か￣いが￣1ら
    c. う￣んしゅうみ￣1かん　～　う￣んしゅうみ￣1かん

ここでアクセント核のあるモーラ以外にも高いピッチのつくところがあることに注目してみよう．共通語ではアクセント核，もしくは語彙アクセントがない場合は最後尾のモーラから左へ，第1モーラを除いて全てのモーラにおいてピッチが高くなる．語彙アクセントのある語においてはそのアクセントのあるモーラ，無アクセント語の場合は最後尾のモーラから高いピッチが近隣のモーラに波及している．この高いピッチの波及があるかどうか，もしくはいくつのモーラに波及するかは言語によって異なり，そのため日本語の方言にみられるように様々なピッチパターンがある．スラブ系の言語，セルボ・クロアチア語の方言の例をみてみよう．シュトカヴィアン（Štokavian）方言ではアクセントから左へ一つだけ高いピッチが波及する（Inkelas and Zec 1988）．

(6) セルボ・クロアチア語（シュトカヴィアン方言）
    a. ra͞a zli' ka　（difference）　c. ku če pa͞ zi' te lj　（apartment manager）
    b. p͞a pri' ka　（pepper）　d. pla͞ a vo ze le' n　（blue-green）

一方，チャカヴィアン（Čakavian）方言にはピッチの波及がないため，(6)のそれぞれの語ではアクセントのあるモーラのみが高くなる．

日本語でも方言によって高ピッチが波及する範囲が異なるが，共通語では語の2拍目に特殊拍があるとき以外は，先述の第1モーラ低ピッチ化規則によって最初のモーラには高いピッチがつかない．では，京都方言を標準語と比較してみよう．

(7) 京都方言　　　　　　標準語
    a. ￣こむらが￣1えり　　こむらが￣1えり
    b. ￣トタンや￣1ね　　　トタンや￣1ね

(7)の2例では，アクセントの位置が共通語と京都方言とで同じところにあるが，第1モーラ低ピッチ化規則を適用させずにそのまま高ピッチを波及させて「トタン屋根」の最初のモーラに高いピッチがあれば京都方言らしく聞こえるし，逆に第1モーラ低ピッチ化規則を適用させてこのモーラに高いピッチをつけなければ

共通語らしく聞こえてくる．

ここまでは3モーラよりも短い単語のピッチアクセント現象を説明してきたが，次に4モーラ以上からなる名詞を検討する．そうすると日本語と英語が思いのほか似ていることがわかってくる．

3.2.2 無標アクセント

4モーラ語やそれよりも長い語をみてみると，アクセント情報が語彙的である短めの単語とは違ってピッチの下がり目をほぼ予測することができる．

(8) a. むら˥さき（紫）　　　むら˥さきが
　　b. うぐ˥いす（鶯）　　　うぐ˥いすが
　　c. ほとと˥ぎす（ホトトギス）　ほとと˥ぎすが

(8) の名詞では，最後のモーラから数えて3個目のモーラにピッチの下がり目がある．このような「長い」名詞には無アクセントの場合もあるので，多くの場合，アクセントパターンの可能性は2通りである．語中のモーラ数を n としてアクセントパターンが $n+1$ 通りあるのは実は $n \leq 3$ の条件下であることがわかる．

3.2.3 名詞句のアクセント

3.2.1項では名詞に「が」をつけて主格の名詞句のピッチパターンを観察した．そこから「が」にはアクセントはなく，名詞の語彙指定によってピッチが決まっていることがわかった．この節では他の助詞がどのように名詞とかかわってアクセント位置を決定しているかを検討してみよう．まず，「が」と「まで」のつく場合のピッチパターンを比べてみよう．

(9) a. い˥のちが　　い˥のちまで
　　b. here˥ろが　　ここ˥ろまで
　　c. あたま˥が　　あたま˥まで
　　d. みやこが　　みやこま˥で

すでにみたように，「が」は名詞のアクセントを変えないので，「が」自体にはアクセントがない（＝unaccented）とみなせる．次に「まで」も (9a-c) からわかるように名詞のアクセントは変えないが，「が」と異なり，「まで」自体がアクセントを持つ（＝accented）例 (9d) が存在する．これは「まで」の語彙アクセントは「ま」にあり，名詞にアクセントのない場合のみ，それが出現しているとみなすこ

(10) a. ínoti-máde   → ínoti-made
     b. miyako-máde   → miyako-máde

(10a) のようにアクセント語に付加したときには，名詞のアクセントが名詞句のアクセントとして投射され，「まで」のアクセントはいわば負けてしまう．このようなアクセントを「**劣勢**（recessive）」であるという．

次に「ぐらい」を考えてみよう．どこにアクセントがあるだろうか．

(11) a. いのちぐ˥らい   c. あたまぐ˥らい
     b. こころぐ˥らい   d. みやこぐ˥らい

名詞のアクセントがどのような場合でも，「ぐらい」の第1モーラにアクセントが置かれている．このように自分のアクセントが常に優先されるものを「**優勢**（dominant）」であるという．

(12) a. ínoti-gúrai   → inoti-gúrai
     b. miyako-gúrai   → miyako-gúrai

さて，「ぐ˥らい」には，優勢なアクセントという語彙情報が備わっていると捉えるのも一つの考え方であるが，以下の (13) に示すように，(e) の「ぐ˥らい」を伴う語に対して，他の名詞どうしを組み合わせた (a-d) の複合語の場合と同じようなアクセント位置の決定がなされているのがわかる．(13a-d) の複合語の例では，全て後部要素のアクセントが保存され，それが複合語のアクセントとして投射されている（このように，複合語の後部要素のアクセントが保存されて複合語全体に投射されるのは，(13a,b) のように後部要素が2モーラで構成されていて，かつその第1音節にアクセントがある場合に多くみられる）．

(13) a. いわし＋く˥も   → いわしぐ˥も
     b. め˥がね＋さ˥る → めがねざ˥る
     c. な˥ま＋たま˥ご → なまたま˥ご
     d. また˥＋いと˥こ → またいと˥こ
     e. あたま˥＋ぐ˥らい → あたまぐ˥らい

では，なぜアクセントが保持されて複合語に投射されるのは，後部要素であり前部要素ではないのか．それは，**右側主要部の規則**（right-hand head rule. Williams 1981 参照）が当てはまるからである．すなわち，複合語の品詞や意味を決定するのは右側要素であり，さらにはその主要部の音韻特性までもが，複合語全体に投

射されている（3.4.1項および4.3節参照）．そして (13e) の「あたまぐ￣らい」でも，(13a-d) の複合語の場合と同じように，後部要素の「ぐ￣らい」のアクセントが全体に投射されていることから，「ぐ￣らい」を伴う語は，後部要素を音韻的にも主要部とする複合語と同じ扱いを受けていると考えることができる．ところで，右側主要部の規則は，本来同じカテゴリーの2要素を組み合わせた場合に適用されるが，「ぐ￣らい」は3モーラという助詞にしては長い項目なので，独立性が高く，主要部と同様に振る舞っていてもおかしくない．

しかし，「ぐ￣らい」を伴う語のアクセントの位置を捉える考え方には，もう一つの可能性がある．というのも，(13c,d) の「なまたま￣ご」と「またいと￣こ」の例では，「なまた￣まご」「まい￣とこ」というように，後ろから3番目のモーラにアクセントがくる異形も認められるのだ．3.4.1項で改めて触れるが，日本語の複合語は，後部要素が2モーラであっても，それがもともと無アクセント語だったり，アクセント語でも最終音節にアクセントを持つ語である場合や，3モーラ以上の語である場合に，その独自のアクセントパターンが消失し，無標アクセントが付与されるケースも多くあることが知られている．日本語の無標アクセントは語の後ろから3番目のモーラを好む．そこから，「ぐ￣らい」を伴う語に対しても，その無標アクセントが付与されていると想定してみよう．そうすると，やはり最後から3番目のモーラである「ぐ」にアクセントが生じると，正しく予測できる．この無標アクセントに関しては，3.4.1項を参照してほしい．

3.2.4　後部要素が短い複合語

前の項では，名詞につく様々な助詞のアクセントパターンをみてきた．複合語は，そのアクセントパターンからいくつかのクラス分けができるが，ここではその中でも名詞＋助詞の名詞句のような振る舞いをする，後部要素が短い複合語を考えてみよう．下の (14a) の人名に，(b)「さん」，(c)「氏」，(d)「家」をつけたときのピッチを検討してみよう．

(14)　a.　　　　　　　b.　　　　　　　　c.　　　　　　　d.
　　　なかむら　　　なかむらさん　　　なかむら￣し　　　なかむら￣け
　　　やま￣した　　　やま￣したさん　　　やま￣したし　　　やました￣け
　　　は￣らだ　　　は￣らださん　　　は￣らだし　　　はらだ￣け

「なかむら」は無アクセント，「やました」は第2番目のモーラにアクセント，「はらだ」は語頭にアクセントのある固有名詞である．ここにまず「さん」をつけた場合 (14b)，この「さん」という形態素は無アクセントの助詞と同じ振る舞いをする．名詞自体のアクセント情報を生かすタイプである．

「氏」がついた場合，名詞自体に語彙アクセントのあるものはそのアクセントが全体のアクセントとして投射されているが，無アクセントである「なかむら」にもアクセントが生じている．ここから「氏」という形態素は劣勢のアクセントを持つことがわかる．「なかむら」の最後尾のモーラにアクセントが生じているのは「氏」という形態素の持つ語彙指定が**前方アクセント**（pre-accenting）だからである．

「家」は優勢な形態素であり，その前方アクセントという語彙指示がどのタイプの名詞との組み合わせでも優勢となるので，名詞のアクセントにかかわらず，「家」の直前にアクセントの下がり目がくる．

さらに，全てを無アクセント化させる形態素もある．「式」をつけたときのピッチパターンをみてみよう．

(15)　なかむらしき　　やましたしき　　はらだしき

このように短い形態素を後部要素として持つ複合語には，この形態素の語彙指示に従って助詞の場合と同様に様々なピッチパターンが生まれてくる．

3.2.5 動詞のアクセント

次に動詞の活用のアクセントを分析する．ここでは下の八つの動詞についてのみ考察することにする．それぞれ a, b が終止形において 2 モーラの動詞で，c, d が 3 モーラの動詞である．このうち a, c は五段動詞（子音で終わる語幹），b, d は一段動詞（母音で終わる語幹）である．

(16)　a.　いく　　（行く）　　(17)　a.　ま⎤つ　　（待つ）
　　　b.　きる　　（着る）　　　　　b.　み⎤る　　（見る）
　　　c.　あがる　（上がる）　　　　c.　はし⎤る　（走る）
　　　d.　かりる　（借りる）　　　　d.　にげ⎤る　（逃げる）

(16) はピッチの下がり目がみられないが，(17) では語幹の最後の母音の後に下がり目がある．すなわち (16) はすべて無アクセント動詞の例，(17) はアクセント動詞の例である．これらの動詞の派生形を観察すると，興味深い規則性がみられ

る．アクセントのある場合は「る」の前でピッチが下がるということを踏まえて，使役形 (18), (19), 受身形 (20), (21), 使役受身形 (22), (23) のアクセント位置をみてみよう．

(18) a. 行かせる   (19) a. 待たせ￢る
     b. 着させる   b. 見させ￢る
     c. 上がらせる   c. 走らせ￢る
     d. 借りさせる   d. 逃げさせ￢る
(20) a. 行かれる   (21) a. 待たれ￢る
     b. 着られる   b. 見られ￢る
     c. 上がられる   c. 走られ￢る
     d. 借りられる   d. 逃げられ￢る
(22) a. 行かせられる   (23) a. 待たせられ￢る
     b. 着させられる   b. 見させられ￢る
     c. 上がらせられる   c. 走らせられ￢る
     d. 借りさせられる   d. 逃げさせられ￢る

どこにピッチの下がり目があっただろうか．終止形の場合にアクセントの確認された動詞は，使役，受身，使役受身のどの形においても末尾にある「る」の前に下がり目がある．他方で終止形でアクセントのなかったものには，アクセントの下がり目はどの派生形にもみられない．つまり，動詞のアクセントはアクセントの有無という語幹にある情報をもとに，語幹の指定がアクセントありであれば「る」の前でピッチが下がり，アクセントなしであれば一貫して無アクセントとなるのである．このように，助動詞の後続する動詞のアクセントは助動詞の「させ」や「られ」が決めているのではなく，動詞の語幹からアクセントの有無の情報が投射され，助動詞のついた形のアクセントの有無を決めている．そしてアクセントありの場合にはその位置は最後の現在形を作る接尾辞 -(r) u が決めているのである．

今度は接尾辞 -ta をつけて，上の終止形と同じ動詞語幹の過去形をみてみよう．

(24) a. 行った   (25) a. 待￢った
     b. 着た   b. 見￢た
     c. 上がった   c. 走￢った
     d. 借りた   d. 逃￢げた

終止形と同様に動詞語幹の提供する語彙情報はアクセントの有無である．しかし

「る」は直前のモーラにアクセントを付与していたのに対し，「た」の場合，二つ前のモーラにアクセントを付与している．(25b) に関しては2モーラなので語幹の唯一のモーラにアクセントがある．これらの動詞も使役形，受身形，使役受身形にしてみるとやはりアクセントの有無やアクセントの位置は一貫している．

(26) a. 行かせた (27) a. 待た˥せた
　　 b. 着させた 　　 b. 見さ˥せた
　　 c. 上がらせた 　 c. 走ら˥せた
　　 d. 借りさせた 　 d. 逃げさ˥せた
(28) a. 行かれた (29) a. 待た˥れた
　　 b. 着られた 　　 b. 見ら˥れた
　　 c. 上がられた 　 c. 走ら˥れた
　　 d. 借りられた 　 d. 逃げら˥れた
(30) a. 行かせられた (31) a. 待たせられ˥れた
　　 b. 着させられた 　 b. 見させら˥れた
　　 c. 上がらせられた 　c. 走らせら˥れた
　　 d. 借りさせられた 　d. 逃げさせら˥れた

なお動詞の過去形は「長い」名詞のように最後尾から3番目のモーラにアクセントがつく，無標アクセント付与が働いていると考えることもできる．

3.3 英語の強勢付与規則

3.1 節でみたように，英語のアクセントは強勢によって実現される．ではその強勢は語のどのような位置に生ずるのであろうか．3.3 節では，英語の背後で働いている一般的な強勢付与のメカニズムについて簡単にみていく．高校までは英語の強勢といえば，いわゆる「-tion 前アクセント」などを除けば機械的に一語一語覚えていくしかなかったかもしれないが，注意深く観察すると意外に予測できる部分が多いことがわかってくるだろう．なお以下で用いられる語例は，この分野の主要な研究 (Chomsky and Halle 1968, Liberman and Prince 1977, Hayes 1980, Halle and Vergnaud 1987) などでも扱われているものである．

> **コラム２● 動詞の派生形と複合動詞**
>
> なお実際は，動詞語幹−使役−受身と長くなるにつれ，過去形ではアクセントパターンに個人差が出てくる．無アクセントの語幹であるにもかかわらず，「借りさせられꜜれた」のようにアクセントをつける話者もいる．
>
> これに関連して，複合動詞語幹の例からは興味深いことがわかる．ポウザーが指摘するように，もともと標準語は動詞語幹の後部要素のアクセント情報を反映していたが，比較的若い世代では構成素のアクセント情報にかかわらず，常にアクセントを付与する傾向にある（Poser 1984）．
>
> （i）a. はねꜜる＋つける　→　はねつける　〜　はねつけꜜる
> 　　 b. できꜜる＋あがる　→　できあがる　〜　できあがꜜる
> 　　 c. あてる＋つける　→　あてつける　〜　あてつけꜜる
> 　　 d. つとめꜜる＋あげる　→　つとめあげる　〜　つとめあげꜜる
>
> そして，これらの複合動詞の過去形では最後尾から３番目のモーラにアクセントが付与される．このことから動詞の語幹の並列は，複合性が低いことがわかる．このために動詞が長くなったときに使役受身形でもアクセントが生じたと考えられる．これは英語の名詞においても，もともと [[cup] [board]] だった複合語が今では [cúpbŏard] と一続きの語になり，語中の pb という子音連鎖がなくなり単独語の強勢パターンに変わってしまった（Kaye 1995）ことと比較できよう．

3.3.1 音節と韻脚

日本語でアクセントを担う要素はモーラであったが，英語では音節がその役割を担う．以下では音節の分け方が重要になるので，第２章に引き続き，ここでもまずは音節化について概略を述べる．

音韻論で語を扱う場合，綴りではなく分節音を基本とするため，音声表記で考えることはいうまでもない．音韻論で扱う音節は，一般的な英語辞書に示されているものとは一致しないことが多い．辞書のそれは厳密には分綴法を示したもので，ある単語を行をまたいで表記する際にどこで分割してよいかを示している．それは音声学での音節化に従い，**最大末尾子音の原理**（Maximal Coda Principle）に基づいており（2.3.6 項の心理言語実験でもみたように，音声レベルでは強勢音節を閉音節にするように音節化が行われることが知られている），さらに形態素構造にも影響されている．

3.3 英語の強勢付与規則

一方, 音韻論における音節化は, 2.3.6 項でも触れた**最大頭子音の原理**（Maximal Onset Principle）に従い, 英語の語頭に生じうる子音連結を形成できる限り, なるべく分節音を音節頭に組み込むように行われる. 例えば celebrate では, 英語において /br/ という頭子音が可能なので, 最大頭子音の原理に則って（e.g. bring）, ce.le.brate と音節化する. 一方 dsignate では, /gn/ という頭子音の連鎖が英語には存在しないので, de.sig.nate と音節化する.

ただし, /s/ は例外的なので注意が必要である. 例えば /sk/ という頭子音は語頭によくみられるが（e.g. school）, 語中では同じ音節に属するとはみなされず, hibiscus は hi.bis.cus と音節化される. これは, /sk/ という連鎖は**聞こえ連鎖の原理**（Sonority Sequencing Principle）に違反し（2.3.3 項参照）, 英語では語頭にしか許されないためである（ちなみにスペイン語などでは語頭でも /sC/ が許容されないため, Spain が España などと, 語頭に母音挿入が生じる）.

また英語の強勢には**韻脚**（foot）という単位も重要になる. 韻脚とは西洋の言語では主に韻文や詩歌に観察される単位で, 以下の (32) と (33) はそれぞれ, ウィリアム・ブレイクの韻文と, ポップソングの歌詞にみられる韻脚の例である. 「○」は強く読まれる音節,「.」は弱く読まれる音節を示す.

(32) (○ .) (○ .) (○ .) (○)
　　 TIGER, tiger, burning bright
　　 (○ .) (○ .) (○ .) (○)
　　 In the　forests of the　night,
　　 (○ .) (○ .) (○ 　 .) (○)
　　 What immortal hand or eye
　　 . (○ 　.) (○ .) (○ 　 .)(○)
　　 Could frame thy fearful symmetry?　　　　　　　　　(William Blake, *The Tiger*)

(33) (○ .) (○ .) (○ 　.) (○.) (○ . .) (○)
　　 Sunday, Sunday, here again in　tidy attire
　　 . (○ 　.) (○ .) (○ 　.)(○ 　.) (○.) (○)
　　 You read the colour supplement, the TV guide　　　(Blur, *Sunday Sunday*)

(32) で示されているように韻脚は普通音節二つからなるが, 詩歌では 1 音節や 3 音節の韻脚も生じることがある. 上記の例では**強弱脚**（trochaic foot）が用いられているが, 特に古い韻文では**弱強脚**（iambic foot）が用いられることも多い. 通

常全ての音節が韻脚に含まれることになるが，文頭などでは含まれない音節が生じることもある．また韻文・詩歌の場合，実際の強勢と強弱が一致しないこともある（e.g. (32) の symmetry, (33) の supplement など）．

韻律理論（metrical theory）は，このような2音節からなる韻脚が，文に対してだけではなく，英語の単語内部にも構成されていると考える．ただし文レベルと異なり，どのような二つの音節も一律に一つの韻脚になるのではなく，**音節量**（syllable weight）によって異なった形の韻脚が作られると考えられている．英語の第1強勢の付与に関しては，次の (34a-c) に示すような韻脚が形成されるとされている（第2強勢については後述する）．

(34) a. ('L L)　　　b. ('H L)　　　c. ('H)
　　 d. *('L H)　　e. *('H H)　　 f. *('L)

Lは**軽音節**（light syllable），Hは**重音節**（heavy syllable）を指し，「'」はその直後の音節が韻脚の**主要部**（head）であること，すなわちその音節に強勢があることを示す．(34d) は「強」が軽音節，「弱」が重音節となってしまう韻脚で，強弱格のシステムでは許されない（弱強脚のシステムでは (L 'H) が問題なく構成される）．このような音節量に左右される韻脚形成のシステムのことを**音節量に依存する**（quantity sensitive）システムであると呼び，(34) に示す韻脚の適格性は，このシステムをとる言語に普遍的に観察されるものである．一方，**音節量に依存しない**（quantity insensitive）で，常に二つの音節で韻脚を形成するシステムも，世界の言語には観察される．なお，(34f) のように軽音節一つからなる韻脚は**不完全脚**（degenerate foot）と呼ばれ，通常どちらのシステムでも許されない．

以上，英語の強勢付与に関して必要となる知識をまとめよう．（i）英語の音節化は最大頭子音の原則に従う．（ii）英語の第1強勢付与のための韻脚は音節量に依存し，(34) で適格とされる韻脚が形成される．これらのことを念頭に以下の話を進めていく．2.4節でも英語におけるモーラの役割の議論の中で英語の強勢パターンには触れたが，以下ではさらに詳しくみていくことにする．

3.3.2　名詞の強勢パターン

まず手始めに名詞の強勢パターンを考えてみよう．(35) の各グループは，語の中のどういう位置に第1強勢があるだろうか．

(35) a. América, cínema, aspáragus, metrópolis, ásterisk, lábyrinth, análysis
　　 b. aróma, horízon, balaláika, hiátus, coróna, aréna, Minnesóta, angína
　　 c. veránda, agénda, consénsus, synópsis, amálgam, asbéstos, uténsil

語頭からの規則性はみられないが，語末から観察すると規則性がみつかる．すなわち，(35a) は語末から3番目の，(35b) と (35c) は語末から2番目の音節に第1強勢がある．

では次に，これらの第1強勢のある音節はどのような種類の音節だろうか．(35b) と (35c) は，語末から2番目の音節が重音節の場合であり ((35b) は二重母音・長母音を含み，(35c) は閉音節である)，そこに第1強勢がきている．しかし (35a) では，語末から3番目の第1強勢音節に構造的な共通性はみられない (asterisk の強勢音節は重音節，それ以外は軽音節)．だが (35b) および (35c) のパターンと比較して考えると，ある事実がみえてくる．つまり，後ろから2番目の音節が軽音節のときに (35a) のようなパターンになっている．

ここでみてきたパターンをまとめてみよう．どのタイプも，語末から2番目の音節が重要な役割を果たしていることがわかる．

(36) 英語の名詞の強勢パターン
　　　語末から2番目の音節が重音節であればそこに，軽音節であれば後ろから3番目の音節に第1強勢が与えられる．

このパターンは**ラテン強勢規則**（Latin stress rule）とも呼ばれ，特にラテン系の言語によくみられるものである．このように英語では，例外もある程度あるものの，かなりの割合の語について音節構造から第1強勢の位置が予測できるのである．

そしてこのパターンは，前節でみた普遍的な韻脚の形から生じている．まず上記のパターンから，語末から強勢付与の計算が行われていることが確かであるが，最終音節が決して強勢を受けていないという重要な事実が明らかになってくる．このことから，英語の名詞の強勢付与には次のような原理が働いていることがわかる．

(37) 韻律外性（extrametricality）
　　　名詞の語末の音節は韻律外である．

これにより最終音節は基本的に韻脚形成の計算から外され，強勢を担うことがなくなるのである．なおこのような**韻律外性**は，ヘイズらの研究により，世界の

多くの言語に観察されることがわかっている（Hayes 1980 ほか）．

　(37) の韻律外性が生じた上で，音節量に依存した (34) の韻脚が語末から形成されることになる．語末から2番目の音節が重音節の場合，(34d) と (34e) が示すように韻脚の**従属部**（dependent）になることは許されないので，それ単独で (34c) の韻脚を形成することになり，その重音節が第1強勢を担うことになる (35b, c)．一方，語末から2番目の音節が軽音節の場合，(34f) のような不完全脚は許されず，(34a) あるいは (34b) のように韻脚の従属部となるため，その一つ前の音節に第1強勢が与えられるのである (35c)．以下では「.」は音節境界，〈　〉はその音節が韻律外であることを示す．

(38) a.　a. (ró.)〈ma〉　　con. (sén.)〈sus〉　　b. A. (mé.ri.)〈ca〉　　(ás.te.)〈risk〉
　　　　　L H　　　　　　H H　　　　　　　　L L L　　　　　　　H L
　　　　*(á.ro.)〈ma〉　　*(cón.sen.)〈sus〉　　*A. me. (rí.)〈ca〉　　*as. (té.)〈risk〉
　　　　　L H　　　　　　H H　　　　　　　　L L L　　　　　　　H L

　しかし実は (37) の定義では，(39) のような語の第1強勢が説明できなくなってしまう．(39) の語では第1強勢は最終音節に生じているので，明らかに語末の音節が韻律外ではない．

(39) machíne, regíme, baróque, canóe, políce, bazáar, Tennessée, kangaróo

だがよくみると，(39) の語だけに当てはまり，(35a-c) の語には当てはまらない特徴があることに気付く．それは，(39) の語の最終音節の母音は長母音もしくは二重母音である，ということである．この事実に基づき，英語の韻律外性は最終的には次のような修正を受けた形で定義される．

(40) 音節の韻律外性
　　　名詞の語末の音節は，長母音・二重母音を含まなければ韻律外である．

語末の重音節が韻律外でなければそれ単独で韻脚が形成されるので，その最終音節に第1強勢が与えられることになる．

3.3.3　形容詞・動詞の強勢パターン

　以下の (41) は動詞，(42) は形容詞の強勢パターンの例である．それぞれのグループでは，第1強勢はどういう位置の音節にあるだろうか．また，その第1強勢のある音節はどういう種類の音節だろうか．

3.3 英語の強勢付与規則

(41) a. astónish, consíder, imágine, intérpret, prómise, elícit, detérmine, cáncel
b. maintáin, eráse, surmíse, decíde, devóte, achíeve, obéy, invíte, suppóse
c. collápse, tormént, exháust, eléct, convínce, obsérve, adápt, depénd

(42) a. sólid, hándsome, clandéstine, cértain, cómmon, vúlgar, wánton, stúrdy
b. supréme, obscéne, extréme, remóte, discréet, compléte, divíne, precíse
c. absúrd, corrúpt, imménse, abstráct, robúst, overt, diréct, distínct

位置については簡単に分類できるだろう．それぞれ (a) は語末から 2 番目の音節に，(b, c) は最終音節に第 1 強勢がある．しかし強勢音節の種類については，(b, c) については重音節に第 1 強勢があるとまとめることが可能なものの，(a) についてはまとめることができない．

動詞や形容詞のこの強勢のパターンは，名詞と同じ仕組みで予測できるだろうか．(b) のグループについては，長母音・二重母音を持つ最終音節に第 1 強勢が与えられており，前節でみた韻律外性の不適用ということで名詞同様の分析が可能である．しかし (c) のグループは，長母音・二重母音を持たない最終音節に第 1 強勢が与えられていることから，同音節が完全に韻律外になっているとする分析では説明できない．また (a) のグループの多くは，語末から 2 番目の軽音節に第 1 強勢が与えられているため（e.g. astónish），名詞の強勢付与システムでは分析することができない．

このように，動詞・形容詞は名詞とは違うシステムで強勢が与えられているといえそうだ．ではそのシステムはどのようなものだろうか．問題の (a) と (c) のグループを比較してみよう．これらの二つのグループは，最終音節が短母音を含む閉音節であるという点で構造的に類似している（sturdy を除く）．それにもかかわらず強勢のパターンは異なるので，その差についてよくみてみると，上記の類似性の中にも実は構造的な差があることがわかってくる．それは，(a) のグループは最終音節の末尾子音が一つ以下であるのに対し，(c) のグループは二つあるということである．この差が強勢の差につながっているのである．

(43) 英語の動詞・形容詞の強勢パターン
最終音節が長母音・二重母音を含むか末尾子音を二つ含めばそこに，それ以外は後ろから 2 番目の音節に第 1 強勢が与えられる．

ここで先の (a) と (c) の最終音節の振る舞いの差をみると，名詞の後ろから 2 番目の音節のそれによく似ていることに気付く．つまり，(a) のグループは後ろか

ら2番目の音節が軽音節の名詞と同様に，(c)のグループは同音節が重音節の名詞と同様に振る舞っている．このことは，動詞・形容詞においては語末の子音一つが音節構造から排除されていることを示唆している．すなわち，子音一つが音節から除かれれば，(a)のグループの最終音節は軽音節として扱われ，子音が二つある場合には，子音が一つ除かれてもまだ子音が一つ残り，重音節として扱われるのである．このように動詞・形容詞には，次のような韻律外性が作用していると考えられる．

(44) 子音の韻律外性
　　　語末の子音一つは韻律外である．

そうすると，名詞の際と同様に普遍的な韻脚が形成されることで，(43)の強勢パターンが自然に導かれる．(b)と(c)では最終音節が重音節なので，それ単独で韻脚を形成し，その重音節が第1強勢を担うことになる(45a)．一方(a)では最終音節が軽音節となるので，もう一つ前の音節と韻脚を形成し，その後ろから2番目の音節に第1強勢が与えられる(45b)．

(45) a.　e.(rá)⟨se⟩　　ab.(súr)⟨d⟩　　b.　as.(tó.ni)⟨sh⟩　　(vúl.ga)⟨r⟩
　　　　　　L H　　　　 H H　　　　　　　　H L L　　　　　　 H L

なお，(44)の韻律外性は実は名詞にも適用されていると考えられる．名詞では最終音節全体が韻律外になってしまうので，(44)の効果がみえなくなっているだけなのである．

3.3.4　第2強勢と強勢転移

これまでは第1強勢だけを問題にしてきたが，英語には第2強勢と呼ばれる強勢も存在し，日本語に対して表面上の大きな違いを生じさせている．この第2強勢の付与の仕組みを考えるとき，韻脚という概念が非常によく役に立つことがわかってくる．まず，以下の語の第1強勢と第2強勢の位置を観察しよう（なお第2強勢は辞書に書いてないこともあるが，母音で見分けることができる．強勢がない母音は基本的に曖昧母音[ə]になるので，完全母音が書いてあれば第2強勢を持つものと判断できる．ただし[ɪ, ʊ]は曖昧母音にならないことが多いので，これらだけは判別が難しい）．

(46) a.　Càlifórnia, Tènnessée, Mìssissíppi, aristocrátic, dìaléctal, apòtheósis
　　　b.　Trànsylvánia, sèrendípity, ànecdótal, vòluntéer, fòrestátion, fècundátion

3.3 英語の強勢付与規則

これらの語では，第2強勢は第1強勢からみて二つ前の音節にある．このことから，第2強勢にも韻脚が深くかかわっていることがわかる．第1強勢の前に強弱脚の韻脚が形成されるために，その韻脚の主要部となる音節に第2強勢が生じるのである（Mississippi は音節の韻律外性の例外である）．

(47) a. (Càli)(fórni)⟨a⟩, (Tènne)(ssée), (Mìssi)(ssíppi), a (rìsto)(cráti)⟨c⟩
　　　b. (Trànsyl)(váni)⟨a⟩, (sèren)(dípi)⟨ty⟩, (ànec)(dó)⟨tal⟩, (vòlun)(téer)

しかも第2強勢付与は，第1強勢の前に音節が偶数存在するとき何度でも生じる．次の例をみてみよう．

(48) (Àpa)(làchi)(có)⟨la⟩, (hàma)(mèli)(dánthe)⟨mum⟩, (òno)(màto)(péi)⟨a⟩

このように，韻脚は右から左へと2音節ずつ順に作られていくため，韻文同様に単語の中でも強と弱が交互に現れることになる（なお，(48) の二つの第2強勢の間には強さの差があるといわれることもあるが，議論を簡略化するためにここでは差がないものとみなす）．

(46) の a と b の間には，音節構造上の差がある．それは，(46a) は第1強勢の直前の音節が軽音節なのに対し，(46b) はそれが重音節だということである．このような差があるにもかかわらず，(46) の語の第2強勢の振る舞いに差がないことから，次のような結論が得られる．

(49) 英語の第2強勢付与のための韻脚は，音節量に依存しない．

3.3.1項でみたように，音節量に依存するシステムでは (LH) という強弱脚の韻脚は許されないが，(sèren)(dípi)⟨ty⟩ の語頭などでは生じていることに注意しよう．

しかし一方で，次のような事実もある．第1強勢の前に奇数音節が残っている語について考えてみよう．(50a) は1音節，(50b) は3音節残っている語である．

(50) a. (bàn)(dána), (tòu)(pée), (Sài)(gón), (Bèr)(lín), (màin)(táin),
　　　(vì)(táli)⟨ty⟩
　　b. (Tì)(cònde)(ró)⟨ga⟩, (Còn)(stànti)(nó)⟨ple⟩, (èx)(pèri)(mén)⟨tal⟩

(49) では，第2強勢のための韻脚は音節量に依存しないと結論づけた．これが正しければ，重音節一つだけでは韻脚が構成されず，第2強勢が与えられないことを予測する．しかし実際は (50) でみるように，1音節でも韻脚を形成することがありそうである．このことから，(49) は次のように修正される．

(51) 英語の第2強勢付与のための韻脚は，音節量に依存してもしなくてもよい．

英語の第2強勢は非常に複雑であるので，今回はこのようなまとめで締めくくっておくことにするが，この重音節に関する随意性が次の事実を解決する手掛かりになってくる．前節までにみたように英語の第1強勢は，最も右側の韻脚の主要部に与えられる．ということは，語末に最も近い強勢は第1強勢であることになる．しかし，英語には次のような単語が珍しくない．(52a)は名詞，(52b)は形容詞の例である（動詞については単独形態素で多音節のものが非常に少ないので省略する）．

(52) a. húrricàne, ánecdòte, pédigrèe, ántelòpe, Árkansàs, níghtingàle
　　 b. mánifèst, résolùte, dérelìct, dífficùlt, móribùnd, érudìte

これらの語では最終音節に第2強勢が生じ，語頭により近い音節に第1強勢が生じている．このようなパターンは今までみてきた仕組みでは予測できない．

しかし(52)の語には，全て最終音節に第2強勢を持つという重要な共通性があることに気付く．しかもよくみると，最終音節は長母音・二重母音を含んでいるか（e.g. hurricane），語末に子音を二つ含んでいる（e.g. manifest）．つまり，最終音節に生じている強勢が第2強勢であるということを除けば，今までみてきたシステムの予測通りなのである．ということは，(52)の語にも英語の強勢付与システムが通常通り働くが，最終音節に第1強勢が与えられる構造が避けられ，最終的に別の音節に第1強勢を与えているのだとみなすことができる．この現象は**強勢転移**（stress retraction）と呼ばれる．

(53) 強勢転移
　　 第1強勢は最終音節を避け，もう一つ左の韻脚の主要部に与えられる．
(54) *(hùrri)(cá)⟨ne⟩　→　(húrri)(cà)⟨ne⟩
　　 *(màni)(fés)⟨t⟩　→　(máni)(fès)⟨t⟩

(53)の定式化にあるように，このプロセスにより第1強勢は一つ左の韻脚の主要部に与えられる．そのため，左側に韻脚が形成できない場合はこのプロセスは生じない．(55a)は名詞，(55b)は形容詞，(55c)は動詞の例である．

(55) a. machíne, regíme, canóe, políce, bazáar
　　 b. secúre, remóte, divíne, precíse, políte
　　 c. eráse, decíde, devóte, achíeve, agrée, belíeve

これらの語は第1音節が軽音節で，それ自体で韻脚を形成できないため，強勢が転移できないのである（なお，locateなど第1音節が重音節のものは転移が随意

的であるものも多いが，maintain など不可能なものも数多く存在する）．

　強勢転移には実は2種類のものが存在する．(52) には anecdote など，最終音節の直前の音節が重音節のものが含まれているが，このように最終強勢音節の直前の音節の重さに関係なく，常に二つ前の音節に第1強勢が転移するタイプの転移のことを，**強転移**（strong retraction）と呼ぶ．

(56)　(á.nec.)(dò)⟨te⟩　　　(nígh.tin.)(gà.)⟨le⟩
　　　　L　　H　　　　　　　　H　　 H

　一方で (57) に示すように，後ろから2番目の音節が重音節の場合に，その音節に第1強勢が転移するタイプの転移のことを**弱転移**（weak retraction）と呼ぶ．

(57)　Milwáukèe, Timbúktù, kàraókè, alúmnì, fàndángò, mosquítò
(58)　(Mìl.)(wáu.)(kèe)　　　(kà.ra.)(ó.)(kè)
　　　　H　　H　　　　　　　　　H　L　 H

　なお最終強勢音節の直前の音節が軽音節の場合，音節量に依存してもしなくてもその音節は韻脚の従属部になるため，どちらのタイプの転移が生じても，必ず二つ前の音節に第1強勢が転移する（なお，以下の例の hurricane の第1音節末の r は綴り上存在するが，実際には二重子音の一部としては発音されない）．

(59)　(húr. ri.)(cà)⟨ne⟩　　　(án.te.)(lò)⟨pe⟩
　　　　L　L　　　　　　　　　　H　L

　前置きが長くなったが，この転移の種類の差に，上記の第2強勢のための韻脚形成がかかわっている．すなわち，第2強勢付与のために音節量に依存しない韻脚形成が行われる場合には強転移が生じ (56)，音節量に依存する韻脚形成が行われる場合には弱転移が生じるとみなすことができるのである (58)．どの語でどちらの転移が生じるかを予測することは単一形態語の場合は難しいが，次項でみるように派生語の場合は接尾辞ごとにある程度の傾向がある．

3.3.5　接尾辞による強勢パターン

　日本語では助詞や接尾辞がアクセントの位置に関して独自のパターンを持っていたが，英語でも同様の事実が観察される．(60a) は -ion，(60b) は -ity という名詞化接尾辞を含んだ語の例である(ob.li.vi.on などから -ion は2音節とみなす)．

(60)　a.　sug(gésti)⟨on⟩, de(císi)⟨on⟩, (clàri)fi(cáti)⟨on⟩, (èdu)(cáti)⟨on⟩
　　　　b.　(pùb)(líci)⟨ty⟩, (hòs)(tíli)⟨ty⟩, di(víni)⟨ty⟩, (sìmi)(lári)⟨ty⟩

-ion も -ity も最終音節が韻律外になり，語末から2番目の音節が軽音節であるため，常に語末から3番目の音節に強勢が与えられる．この結果，いわゆる「-tion 前アクセント」と呼ばれる現象が生じることになる．

次に，形容詞を作る接辞についてみてみよう．(61a) は -ic, (61b) は -al を含んだ例である．

(61) a. (àlco)(hóli)⟨c⟩, (Ìce)(lándi)⟨c⟩, a(tómi)⟨c⟩, (tì)(táni)⟨c⟩, sym(phóni)⟨c⟩
    b. o(rígi)⟨nal⟩, (nátu)⟨ral⟩, pa(rén)⟨tal⟩, (àcci)(dén)⟨tal⟩

-ic には子音の韻律外性が働き，常に直前の音節に第1強勢を与える．一方 -al には音節の韻律外性が働き，音節量によって語末から2番目か3番目の音節に第1強勢が与えられる．つまり，どちらも形容詞を作る接尾辞であるが，適用する韻律外性が接尾辞ごとに独自に指定されているわけである．

このように日本語同様，英語でも強勢付与に関する指定が接尾辞ごとになされているという事実が観察される．しかし日本語と異なり，接尾辞ごとにバラエティに富んだパターンを持っているというわけではなく，英語全体に共通する強勢付与の一般的な仕組みに関するものが指定されているといえる．上記の例では，音節の韻律外性が適用されるか否かという基本的な点だけが接尾辞ごとに異なっており，それに伴って強勢パターンの差異が生じているのである．

強勢転移についても同じような差が観察される．(62a) は強転移の，(62b) は弱転移の適用を受ける派生語の例である（-ary, -ory では例外的に y が子音で，-a-, -o- を含む部分が最終音節であると考えられている）．

(62) a. (cóncen)(trà)⟨te⟩, (désig)(nà)⟨te⟩, (sátis)(fỳ), (récog)(nì)⟨ze⟩
    b. el(líp)(sòi)⟨d⟩, sta(lág)(mì)⟨te⟩, (èle)(mén)(tàr)⟨y⟩, per(fúnc)(tòr)⟨y⟩

つまり -ate, -fy, -ize などは強転移の，-oid, -ite, -ary, -ory などは弱転移の適用を受けるというように，転移の種類についても，各接尾辞がどちらの適用を受けるか個別に指定されていると考えられる．

転移に関してはさらに次のような種類の接尾辞も存在する．

(63) (Jàpa)(né)⟨se⟩, (Chì)(né)⟨se⟩, (rèfe)(rée), (èmploy)(ée), (èngi)(née)⟨r⟩

これらの語では，第1強勢の前に韻脚が構成されているのに強勢転移が起きていない．つまり -ese, -ee, -eer の性質として，強勢転移を適用しないような指定がなされていると考えられる．

ここまで扱ってきた接尾辞は全て，語基の強勢は無視しつつ派生語で新たに強勢付与を行うものであった．しかし英語には次にみるように，語基の強勢をそのまま保持するタイプの接尾辞も存在する．

(64) cómfortable/cómfortableness, cónscience/cónscienceless, prévious/préviously

通常，接尾辞が付加されると音節数が増えるため，語の右側に第1強勢が移動することが多い（ラテン強勢規則参照）．しかし (64) の語は音節数が多いにもかかわらず，語の左の方の，語基と同じ音節に第1強勢を保持している．このことから -ness, -less, -ly は，接尾辞自身の特質としてもとの語の強勢を変えないという性質を持っているといえそうだ．このような，語基の性質を変えない接尾辞は，音韻論や形態論では**クラス II**（Class II）接尾辞と分類される．一方，語基の性質を変える接尾辞は**クラス I**（Class I）接尾辞と分類される．日本語と同様に単に「無アクセント」などとせずに独自のカテゴリーを設けるのは，これらの接尾辞が強勢付与以外にも，それぞれに共通する性質を示すからであるが，それについては次章を参照されたい．

3.4 日英語のアクセント・強勢付与システムの比較

ここまで日本語のアクセント付与システム，英語の強勢付与システムを簡単に概観してきた．最後にそのシステム自体を比較することにする．まずは日本語の無標なアクセントについて考察してみよう．日本語のアクセント付与も実は英語の強勢付与とかなり似た仕組みである可能性がみえてくるだろう．

3.4.1 日本語の無標アクセント付与と韻脚構造

3.2.2 項でみたように，4モーラ名詞においてはアクセント位置が予測可能である．和語 (65a, b) と同様に，借用語 (65c-e) や，複合語 (65f, g)，すなわち，例えば名詞二つの複合語 (N1+N2) の中でも複合の度合いが低いものに関しても，4モーラ以上から構成される語は同じピッチパターンをとる．ただし，借用語や同じタイプの複合語でも無アクセントになるもの (65h-l) もある．

(65) **無標アクセント付与**
    a. むら˥さき　　　　　　むら˥さきが
    b. ほとと˥ぎす　　　　　　ほとと˥ぎすが
    c. アナ˥ナス　　　　　　　アナ˥ナスが
    d. パルテ˥ノン　　　　　　パルテ˥ノンが
    e. フニクリフニ˥クラ　　　フニクリフニ˥クラが
    f. しだれざ˥くら（枝垂桜）　しだれざ˥くらが
    g. うずらた˥まご（鶉卵）　うずらた˥まごが

無アクセント
    h. フランス　　　　　　　フランスが
    i. ブルガリア　　　　　　ブルガリアが
    j. カリフォルニア　　　　カリフォルニアが
    k. あいかぎ（合鍵）　　　あいかぎが
    l. さくらじま（桜島）　　さくらじまが

さて，なぜ語末から3番目の位置に頻繁にアクセントが生じるのだろうか．最後尾から3番目にアクセントをつけるのが標準語の決まりであると**音素配列論**（phonotactics）に帰する説もあるが（Shibatani 1971），ここでは標準語には英語と同じように韻脚構造があって，ストレス・アクセントの付与と同じような経過を経て**無標アクセント**（unmarked accent）が付与されているという分析（Haraguchi 1991, Yoshida 1995）を紹介する．以下の名詞（N）複合語のアクセントを考えてみよう．

(66)　　　N1　　　+　　N2　　　　output
    a. は˥し　　+　はこ　　→　はし˥ばこ
    b. あぶら　+　むし　　→　あぶら˥むし
    c. か˥ぶと　+　むし　　→　かぶと˥むし
    d. はな˥　　+　かた˥　→　はな˥がた
    e. め˥　　　+　くすり　→　めぐ˥すり
    f. きつね　+　うどん　→　きつねう˥どん
    g. いし˥　　+　あたま˥　→　いしあ˥たま
    h. ゆき˥　　+　おんな˥　→　ゆきお˥んな

これらの語はN1+N2という成り立ちからは複合語といえるが，N2の語彙アクセントが複合語に反映されるタイプの複合語（13）とは性質が異なっている．(66)のデータにおいて一貫していえるのは，アウトプットにはN1とN2のもともとの

3.4 日英語のアクセント・強勢付与システムの比較　　　　　　　　　　81

語彙アクセントは全く反映されず，最後尾から3番目のモーラに無標アクセントが付与されているということである．つまり，これらのケースは，語中のモーラ数にかかわらず，後ろから3番目のモーラにアクセントがあるといえる．

　これはなぜなのか．一つの考え方として，(13) に示したような複合語は，(66) の複合語よりも分析性が高いと考えられる．すなわち (13) では，N2 の独立性が音韻的にも保たれている．それに対し，(66) の場合，以下の段落での議論に従えば，最終モーラは韻律外となり，N1 の最終モーラと N2 の第1モーラとが，N1 と N2 の形態境界を越えて，一つの韻脚を形成してしまっているのだ．すなわち (66) の場合，N1 と N2 の境界は音韻構造には反映されておらず，音韻的に N2 はもはや主要部としては振る舞っていない．

　では，ここで改めて，この後ろから3番目の無標アクセントの付与のメカニズムについて確認してみよう．アクセントが与えられるのが常に後ろから3番目のモーラであることから，後ろから韻脚の構築があると考えるのが自然である．原口は最後尾のモーラに韻律外性を認め，そこから二項韻脚を構築する分析を提案している (Haraguchi 1991)．この韻脚は強弱脚であるため，左側に主要部がくる．こうすると後ろから3番目のモーラにアクセントが付与されることが自然に説明できる (67)．

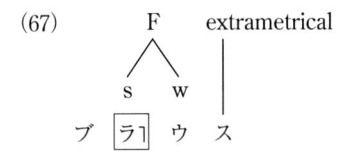

(67) 　　　　F　　extrametrical
　　　　　／＼　　｜
　　　　　s　w　　｜
　　　　ブ　ラ　ウ　ス

この韻脚構造を踏まえて次のデータを検討してみよう．(66) の例と比べると，アクセント位置が一つ左にずれて，後ろから第4番目のモーラに付与されている (2.2.1 項も参照)．

(68) い˥んせき (隕石)，ば˥あさん (婆さん)，け˥っしん (決心)，
　　みか˥んばこ (みかん箱)，みは˥っこう (未発行)，かんら˥んせき (観覧席)，
　　シャ˥ンプー，ワシ˥ントン，サ˥ッカー，スーパ˥ーマン

予測されるアクセント付与の位置，すなわち後ろから3番目のモーラが特殊拍となっているのに注意しよう．すでに 2.2.1 項でも触れたように，特殊拍とは促音 (っ)，撥音 (ん)，長母音か二重母音の後部要素のいずれかを指し，このような場合，一つ左のモーラへアクセントが「移動」する．

しかしこの左への移動はこの韻脚構造だけからは説明ができない．(69) の韻脚構造からは，問題の特殊拍と同じ韻脚の従属部のモーラ，すなわち後ろから2番目のモーラにアクセントが移動する（*ワシントˈン）か，左隣の韻脚の主要部である後ろから5番目のモーラに移動することが予測される（*ワˈシントン）．

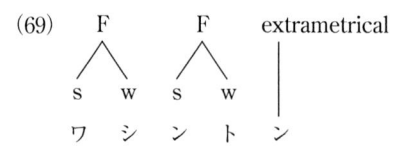

(69)
```
        F         F      extrametrical
       / \       / \          |
      s   w     s   w         |
      ワ  シ    ン  ト         ン
```

実際にはこのどちらでもないため，原口の分析（Haraguchi 1991）では，それ以前の分析同様，このアクセント移動は音節構造からおこる現象だと考えざるをえない．重音節の補部である特殊拍はアクセントを担えず，(70) に示すように，主要部である直前のモーラにアクセントが付与されると分析するわけである（2.2.1 項参照）．

(70) σ：音節, μ：モーラ

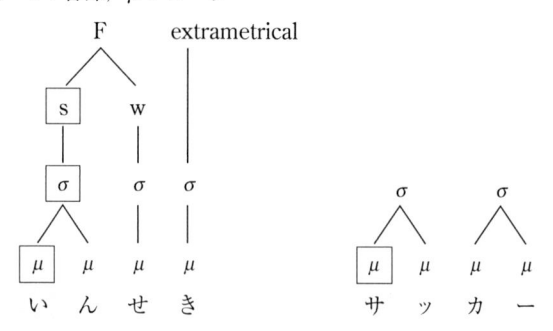

```
           F          extrametrical
          / \              |
        [s]  w              |
         |   |  |           |
         σ   σ  σ          σ       σ
        /|   |  |         / \     / \
       μ μ   μ  μ        μ  μ   μ   μ
      [い]ん  せ き       サ  ッ   カ   ー
```

つまりこの分析は，日本語も音節を韻律上の補助的な単位として用いているとみなすことになる．その結果，勘定をするのはモーラであるが，アクセントが与えられる単位は音節であるという，少々入り組んだシステムであることになる（そうすると表面上は音節を数えているのとそれほど予測性に大差がなくなることになるので，この考えを推し進め，日本語でもアクセントの計算の基本単位は音節であると主張する研究もある（Kubozono 1996．演習問題も参照））．

一方，音節の概念を使わずに韻脚構造のみでアクセント付与が説明できる可能性もある．吉田は日本語の韻脚が弱強脚であると提案した上で，語の最後部から弱強脚が構築され，後ろから2番目の韻脚の主要部にアクセントが付与されると

分析している (Yoshida 1995).

(71) WT: word tree, s: strong, w: weak

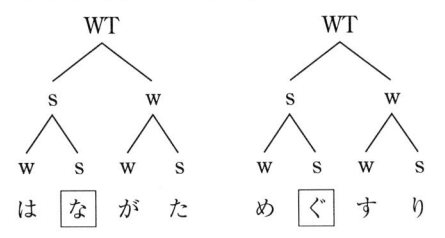

```
         WT                    WT
        /  \                  /  \
       S    W                S    W
      / \  / \              / \  / \
     w  s w  s             w  s w  s
     は な が た            め ぐ す り
```
(「な」と「ぐ」が囲み枠)

こう考えると，後ろから2番目の韻脚の本来ならば主要部である位置に特殊拍がある場合には，このモーラは主要部の役割を担えないので，同じ韻脚の中で従属部に当たるモーラにその主要部としての役割を担わせていると分析することができる．

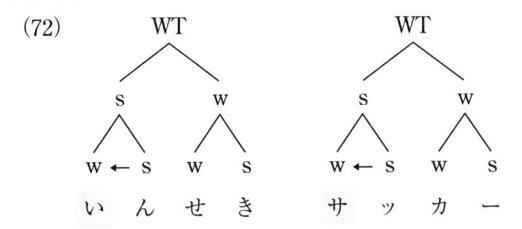

(72)
```
         WT                    WT
        /  \                  /  \
       S    W                S    W
      / \  / \              / \  / \
     w←s w  s             w←s w  s
     い ん せ き           サ ッ カ ー
```

いずれの韻脚構造を用いるにせよ，こうしてみると，日本語のアクセント付与も英語における強勢の付与と大変似ていることがわかる．すなわち，アクセントは位置の語彙指定がなければ，韻脚構造によって予測可能な位置に付与されると考えられるのである．本章の冒頭でみたように，アクセントの音声解釈は英語のような強勢アクセント言語（強さ）と，日本語のようなピッチアクセント言語（高さ）では異なるため，1990年代まではあまりこれらの言語が同じようなアクセント付与を有しているとは考えられていなかった．また，日本語の場合，同じピッチアクセント言語であるセルボ・クロアチア語などとは異なり，高ピッチのアクセントからの波及が第1モーラ以外の語の大部分に及ぶため，副次アクセントも現れず，第2強勢のある英語と表面上大きく異なり，比較はあまりなされてはいなかった．しかし韻脚という単位を基本としてアクセントを捉えてみると，実はこれらの言語は全てお互いに類似したシステムから成り立っていることがみえてくるのである．

3.4.2 まとめ

ここまで日本語のアクセント付与システム，英語の強勢付与システムを簡単に概観してきた．最後にそのシステム自体を比較してみたい．

(73)

	日本語	英語
用いられる単位	モーラ，音節，韻脚	音節，韻脚
計算される方向	右から左	右から左
個別の指定	アクセント性 劣勢・優勢 アクセント位置	クラス性 韻律外性 強勢転移

まず計算に用いられている単位であるが，日本語では基本的にモーラを数え，英語では音節を数えていることが，アクセント・強勢の面からも確認された．しかし標準日本語では，音節も補助的な単位として用いられていることを示唆する事実もある．

英語では音節に加えて韻脚も計算に用いられている．しかし3.4.1項でみたように，日本語でも韻脚が用いられているとする分析も可能である．さらに語形成の事実からも，韻脚の存在を示唆する現象が多数報告されてきている（Poser 1984など）．例えば以下の語形成はいずれも2モーラを鋳型としている．

(74) a. máriko   → (mári)-chan
     b. famirii résutoran → (fami)(resu)

しかし，英語の場合は強勢の位置計算以外にも，第2強勢や強勢転移にみる韻脚の**反復性**（iterativity）からも韻脚の存在が明らかであるのに対し，日本語ではそのような反復性がみられない．また，上記の形態的現象にみられる韻脚は必ずしもアクセントの存在と一致していないようである（「ファミレス」は無アクセント）．日本語は構造的に複数アクセントを許さないのでそもそも反復性を観察できないという面もあるが，もし両言語でともに韻脚を使用しているということになれば，言語構造の普遍性を示す大きな証拠の一つになるだろう．

次にアクセント・強勢の計算が行われる方向性であるが，ともに右から左（すなわち語末から語頭）ということで一致している．そもそも開始点は語頭か語末かの二者択一であるが，通言語的に右から左への方向性を示す言語が多いことから，これは言語の普遍的な側面を示しているのかもしれない．ちなみに同化など分節音上の変化でも，右から左への逆行同化が進行同化より広く観察されるようである．

最後に，助詞や接尾辞が独自の振る舞いをするということが，英語でも日本語でも観察された．しかしその独自性の性質を比較すると，英語より日本語の方が自由度が高いといえそうである．まず，日本語にも英語にも，語基のアクセント・強勢を保持するかどうかという語彙指定があるが，日本語にはそれに加えて劣勢アクセントが存在する．これは構造的に，日本語には無アクセントが許されており，語基が無アクセントの場合にのみ生じるパターンというものが存在しうるためであろう．

また日本語では，優勢の場合も劣勢の場合も，個別のアクセントの現れ方は様々である．例えば「ぐらい」はそれ自身にアクセントを持つのに対し，「家」はその直前にアクセントを与える．さらには「式」は全体を無アクセント化する．また今回は取り上げなかったが，これらに加えて，語基のモーラ数でアクセントの振る舞いを変える形態素もある．対して英語では，音節の韻律外性を被るかどうか，強勢転移を被るかどうか，後者を被る場合は強転移か弱転移かという差が接尾辞間にあるものの，それは全体に共通するシステムの一部の指定を個別に決めているだけなので，最終的な強勢パターンにはそれほどバラエティが生じていない．

このように，微細な点では異なることもあるものの，全体のシステムを俯瞰的に見渡してみると，実は英語も日本語もある程度似たような構造をなしているとみなすことができるだろう．すなわち，音節やモーラ，韻脚といった普遍的な音韻単位を基本にして計算した結果，強勢やアクセントが語に与えられているのである．

より深く勉強したい人のために

1. 日本語
- 窪薗晴夫（2006）『アクセントの法則（岩波科学ライブラリー118）』岩波書店．
  アクセントとは何かについて，またその付与の仕組みについてわかりやすく説明してくれる初心者向けの入門書である．
- 佐藤大和（1989）「複合語におけるアクセント規則と連濁規則」杉藤美代子（編）『日本語の音声・音韻（上）』明治書院：233-265．
  日本語の複合語のアクセントと連濁の関係について網羅的にしかも秩序立った分類をしながら解説している．複合語に関する研究をする際にはまず参照したい．
- 杉藤美代子（1995）『大阪・東京アクセント音声辞典 CD-ROM』丸善．
  アクセント研究のルーツである旧標準語と大阪方言の語彙6万5000語あまりを耳で聞

き比べたり，さらには 900 年前の辞書での記載と比較することもできる．拾い上げたい語彙の特徴から語彙検索も可能なこのソフトウェアは東西のアクセントの比較，また歴史的アクセントの変遷について研究する際には大変頼りになる．ピッチ曲線と波形分析も確認できる，アクセントの音声分析にも役立つマルチメディア資料である．

2. 英語

英語の強勢については近年，主に最適性理論（第 6 章）の理論的枠組みを用いて研究されている．以下の文献は全て同理論を用いたものである．

- Hammond, Michael（1999）*The Phonology of English*, Oxford: Oxford University Press.
  音節化と強勢付与について包括的に扱った研究だが，非常に抽象度が高い．
- Pater, Joe（2000）"Non-uniformity in English Secondary Stress: the Role of Ranked and Lexically Specific Constraints," *Phonology* **17**: 237-274.
  第 2 強勢付与の際の音節量への依存性について単語ごとに調査をした上で，依存する語としない語を理論的にどう扱うかを考察．事実の記述だけでも一見の価値あり．
- Zamma, Hideki（2013）*Patterns and Categories of English Suffixation and Stress Assignment: a Theoretical and Quantitative Study*, Tokyo: Kaitakusha.
  英語の 119 の接尾辞ごとに強勢パターンを調査，主な五つのパターンがそれぞれどれぐらいの割合で生じるかを記述してある．さらにその割合が理論的に予測できるかどうかを考察するが，この部分はかなり抽象的である．

演習問題

1. 日本語の標準語で，次の助詞や形態素が名詞についたとき，どのようなパターンが生じるだろうか．いくつか例を挙げて考えなさい．
   a. から　b. らしい（e.g. 男らしい）　c. など　d. 市　e. 色（いろ）
2. 次の各語を音節に分け，韻脚を用いて強勢パターンを示しなさい．またそれぞれの語の (1) 韻律外性，(2) 強勢転移について，その適用・不適用を分析しなさい．できるだけ分析に理屈付け（説明）も行うこと．
   a. ellipsis　b. serenade　c. hospital　d. determine
   e. correct　f. Pakistan　g. potato
3. 英語の次の接尾辞がつく単語をある程度集め，その接尾辞が全体的にどういうパターンを示すか，問題 2 と同様に分析しなさい．
   a. -esque　b. -ane（propane など化合物を作る）
   c. -ive（ただし，-ative で終わるものは除いて考えること）
4. 日本語でも音節に基づいてアクセント付与が行われているとする研究者もおり，窪薗は次のようなアクセント規則を仮定している（Kubozono 1996）．

（ⅰ）最後から2番目の音節が重音節ならそこに，軽音節ならもう一つ前にアクセントを与えよ．

これは英語の強勢付与と同じシステムである．モーラのほとんどは普通の軽音節なので，これはモーラに基づくシステムとほぼ同じ予測をするが，一部で異なる予測をする．以下の語末に可能な音節構造ごとに，モーラのシステムと音節のシステムでそれぞれどのようなパターンを予測するか考えなさい．

（ⅱ）論理的に可能な語末4モーラの音節構造（L：軽音節，H：重音節）
　　　…LLLL　　…LLH　　…LHL　　…HLL　　…HH

さらにこれらの音節構造に当てはまる語を実際に集め，どちらの予測に従ったものが多いか調べなさい（ただし，外来語でもとの単語のアクセントを保持する語や，形態素境界を間に含む語はなるべく除くこと）．

文　献

Chomsky, Noam and Morris Halle (1968) *The Sound Pattern of English*, New York: Harper and Row.

Halle, Morris and Jean-Roger Vergnaud (1987) *An Essay on Stress*, Cambridge, MA: MIT Press.

Haraguchi, Shosuke (1991) *A Theory of Stress and Accent*, Dordrecht: Foris.

Hayes, Bruce (1980) *A Metrical Theory of Stress Rules*, Doctoral dissertation, MIT.

Hualde, Jose Ignacio (1991) *Basque Phonology*, London: Routledge.

Inkelas, Sharon and Draga Zec (1988) "Serbo-Croatian Pitch Accent: The Interaction of Tones, Stress and Intonation," *Language* **64**: 227-248.

Kaye, Jonathan (1995) "Derivations and Interfaces," in Jacques Durand and Francis Katamba (eds.) *Frontiers of Phonology: Atoms, Structures, Derivations*, London: Longman, 289-332.

Kubozono, Haruo (1996) "Syllable and Accent in Japanese: Evidence from Loanword Accentuation,"『音声学会会報』**211**：71-82.

Liberman, Mark and Alan Prince (1977) "On Stress and Linguistic Rhythm," *Linguistic Inquiry* **8**: 249-336.

McCawley, James D. (1968) *The Phonological Component of a Grammar of Japanese*, Hague: Mouton.

Poser, William (1990) "Evidence for Foot Structure in Japanese," *Language* **66**: 78-105.

Shibatani, Masayoshi (1971) "The Non-cyclic Nature of Japanese Accentuation," *Language* **48**: 584-95.

Yoshida, Yuko (1995) *On Pitch Accent Phenomena in Standard Japanese*, Doctoral dissertation, SOAS, University of London [published by Holland Academic Graphics, The Hague, 1999].

Williams, Edwin (1981) "On the Notions 'Lexically Related' and 'Head of a Word'," *Linguistic Inquiry* **12**: 245-274.

第4章 形態構造と音韻論

西原哲雄・菅原真理子

　形態論（morphology）は語形成や語形変化を研究する分野であるが，形態と音韻とは密接にかかわっている．例えば第3章では，日本語や英語で助詞や接尾辞が付加されると，語のアクセントや強勢の位置に変化が現れる場合があることをみてきた．しかし形態操作による音韻変化は，アクセントや強勢だけではなく，分節音レベルの変化にも及ぶ．本章では，英語の派生接辞を伴う語と，英語と日本語の複合語の音韻的側面を取り上げ，語の形態構造と音韻論とのかかわりはどのようなメカニズムで捉えたらよいのか，また語彙の内部に適用される音韻規則の特徴とはどのようなものなのかを考察していく．そして形態的主要部の音韻における役割についても確認する．

4.1　接辞付加による語形成と音韻論

　形態構造と音韻とのかかわりを捉えるために，まずは英語に豊富に存在する**接辞**（affix），なかでも派生接辞が付加された語の音韻的側面を考察の対象にする．

4.1.1　接辞の種類

　接辞とは，**語幹**（stem）に付加されて語の意味や品詞を変えたり，文法的機能を追加したりするものである（この章では語幹とは接辞が付加される先の構成素のことを指し，第3章ではこれを語基という用語で示した）．さらに接辞は，**派生接辞**（derivational affix）と**屈折接辞**（inflectional affix）とに大別できる．派生接辞は意味や品詞に変化をもたらすものであり，英語には数多く存在する．それに対し，屈折接辞はあくまで文法的要請によって出現するものであり，例えば英語では，過去形や過去分詞形の -ed，現在分詞の -ing，三人称単数現在および複数形の -s などがある．本項では，派生接辞について端的に紹介する．

　英語の派生接辞には，語幹よりも前に付加される**接頭辞**（prefix）と，後ろに付加される**接尾辞**（suffix）の2種類がある．英語の接頭辞は，in-, un-, sub-, pre-, ex-, anti- など，意味変化にかかわるものが主流であり，それが付加されることによって形成された語は，語幹と同じ品詞を持っている．例えば unlock という語は，lock（鍵をかける）という動詞語幹に接頭辞の un- が付加され，語幹とは逆の意味，すなわち「鍵をあける」という意味に変化しているが，語幹と同じく品詞は動詞である．それに対し英語の接尾辞は，主に品詞変化にかかわっている．例えば milky という語では，milk（ミルク）という名詞語幹に派生接尾辞 -y が付加されることで，名詞から「ミルクのような」を意味する形容詞に変化している．

各派生接辞は，接頭辞と接尾辞の区別にかかわらず，基本的にそれぞれが付加される品詞が定められている．例えば接頭辞 un- が付加されるのは，unlock の lock（鍵をかける）のように動詞語幹，もしくは unhappy の happy（幸せな）のように形容詞語幹であり，名詞語幹に付加されることはない．よって，*unluck のように名詞語幹 luck（幸運）に un- が付加された派生語は存在していない．また，名詞を作り出す接尾辞 -ness が付加されるのは，smallness の small（小さい）のように形容詞語幹であり，名詞や動詞の語幹に付加されることはなく，*luckness や *moveness といった語が形成されることはない．次の項では，英語の派生接辞付加にまつわる音韻現象を取り上げる．

4.1.2　英語の派生接辞：クラス I 接辞とクラス II 接辞

すでに 3.3.5 項でも触れたが，派生接辞はさらに**クラス I 接辞**（Class I affix）と**クラス II 接辞**（Class II affix）の二つに大別できる．クラス I 接辞は，それが語幹に付加されることで，語幹の音韻形式を，それ単体で語として発音された場合とは異なる形式へと変化させる派生接辞である．一方，クラス II 接辞は音韻的に中立的である．これを表 1 にまとめた．

まず（ア）の例では，語幹だけからなる語の強勢の位置（párent）と，語幹にクラス I 接辞が付加された語の強勢の位置（paréntal）との間に，齟齬が生じている（3.3.5 項も参照）．それに対しクラス II 接辞の場合は，強勢位置に関してそのような齟齬は生じない．

（イ）では，語幹末の強勢音節がもともと長母音（緊張母音・tense vowel）の場合に，2 音節からなる接辞が付加されたケースである．クラス I 接辞の -ity や -ative がそれらの語幹に付加されると，語幹末音節の長母音は短母音（弛緩母音・lax vowel）に変化してしまう．これは，語幹末の強勢音節から接尾辞の最後の音節ま

表1 クラスI接辞とクラスII接辞

	クラスI	クラスII
	-al, -ard, -ative/-itive, -ian, -ic, -ion, -ity, -ous, in- など	-er, -ful, -ing_N, -ish, -less, -ly, -ness, -ship, -y_ADJ, un- など
(ア) 強勢位置移動	あり párent vs. paréntal Cánada vs. Canádian átom vs. atómic prohíbit vs. prohibítion májor vs. majórity móment vs. moméntous	なし párent vs. párentless Fínland vs. Fínlander yéllow vs. yéllowish óbvious vs. óbviously ácid vs. ácidness cítizen vs. cítizenship
(イ) 三音節短母音化	あり divíne vs. divínity (aɪ → ɪ) sáne vs. sánity (eɪ → æ) obscéne vs. obscénity (iː → ɛ) deríve vs. derívative (aɪ → ɪ)	なし gréen vs. gréenishness (iː) (green-ish-ness) bríne vs. bríniness (aɪ) (brine-y-ness) ráin vs. ráininess (eɪ) róse vs. rósiness (oʊ)
(ウ) 軟口蓋音軟化	あり electric vs. electricity (k → s) electrician (k → ʃ) c.f. Pickwick vs. Pickwickian (k)	なし traffic vs. trafficking_N (k) panic vs. panicky_ADJ (k)
(エ) 子音結合簡略化	なし elongate (ŋg) c.f. long (ŋ) bombard (mb) c.f. bomb (m) hymnal_ADJ (mn) c.f. hymn (m) condemnation (mn) c.f. condemn (m)	あり singer (ŋ) bomber (m) crumby (m) condemner (m)
(オ) 接頭辞の鼻音同化	あり immoral (n → m) impatient c.f. intolerant (n)	なし unmoral (n) unpack

クラスII接辞の -y は形容詞（adjective）を形成する接辞であり，名詞（noun）を形成する -y（honesty の -y）と区別するために，-y_ADJ としてある．同じくクラスII接辞の名詞形成を促す -ing は，屈折接辞で現在分詞の -ing と区別するために，-ing_N と表記した．

で，3音節を形成している場合に適用されるので，**三音節短母音化**（trisyllabic shortening）と呼ぶ．クラスII接辞付加の場合には，たとえそのように3音節を形成しても，短母音化を引き起こすことはない．

（ウ）に示されているように，前舌母音で始まるクラスI接尾辞（-ity や -ian な

ど）は，それが付加される先のラテン系語幹の最後の子音が /k/（綴り字で 'c' で表される）のとき，その子音を摩擦音の s（もしくは ʃ）に変化させてしまう．この音韻変化は**軟口蓋音軟音化**（velar softening）と呼ばれている．それに対し，クラス II 接尾辞の場合は，たとえ前舌母音で始まる場合でも，そのような軟口蓋音軟音化は引き起こさず，語幹末の子音 /k/ の綴り字 'c' を 'ck' に変化させることで，クラス I 接辞の場合と区別している．

（エ）では，語幹末尾の**子音結合簡略化**（consonant cluster simplification）に関しても，クラス I 接尾辞とクラス II 接尾辞には違いがあることを示している．語幹 bomb が単独で語として用いられると [bɑm] となり，語幹末の子音結合 mb は簡略化されて m となる．これは英語の語末の位置において，/mb/ や /mn/ そして /ŋg/ といった子音結合が許容されないためであり，より聞こえ度の低い子音，もしくはより外側にある子音が削除される．一方，クラス I 接辞 -ard が語幹に付加されて bombard となると，子音結合 bm は簡略化を免れて，[bɑmbɑɹd] となる．それに対し，クラス II 接辞の -er が付加されて bomber となると，語幹が単独で語として振る舞っているときと同じように，[bɑmɚ] もしくは [bɑmɹ̩] となり，子音結合は m に簡略化される．

最後に（オ）では，クラス I 接頭辞 in- が，両唇音で始まる語幹（例えば patient）に付加されると，**調音点同化**（place assimilation）によって m に義務的に変化し（これを**鼻音同化**（nasal assimilation）ともいう），それが綴り字にまで反映されている．しかし，クラス II 接頭辞 un- の末尾の n では，このような鼻音同化は義務的に起こるものではなく，よって綴り字も 'n' のままである．

4.1.3 接辞付加と二つの語彙レベル：語彙音韻論の観点から

このようなクラス I 接辞とクラス II 接辞の音韻的振る舞いの違いは，どのように捉えたらよいのか．この疑問に対して，キパルスキーやモハナンなどによって提唱された**語彙音韻論**（Lexical Phonology. Kiparsky 1982, Mohanan 1982 ほか）では，接辞付加およびそれに伴う音韻操作に，レベルの順序づけを想定することで，説明を試みている．

まず語彙音韻論では，派生接辞の付加およびそれに付随する音韻規則の適用は，**語彙部門**（lexicon）の中で行われると考える．語彙部門とは頭の中の辞書のようなもので，単語や接辞などの形態素が蓄積されているところをさすが，そこで接

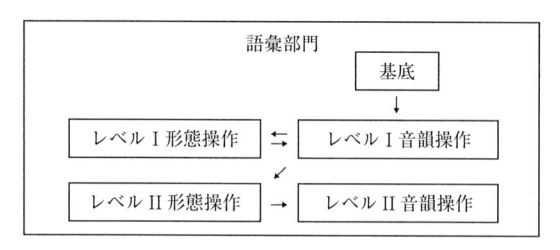

```
┌─────────────────────────────────────────────┐
│                 語彙部門                      │
│                          ┌──────┐            │
│                          │ 基底 │            │
│                          └──────┘            │
│                             ↓                │
│   ┌──────────────┐   ┌──────────────┐       │
│   │ レベル I 形態操作│ ⇄ │ レベル I 音韻操作│       │
│   └──────────────┘   └──────────────┘       │
│           ↓                                   │
│   ┌──────────────┐   ┌──────────────┐       │
│   │レベル II 形態操作│ → │レベル II 音韻操作│       │
│   └──────────────┘   └──────────────┘       │
└─────────────────────────────────────────────┘
```

図1 英語の語彙部門のレベル分け

辞付加による派生とそれに伴う音韻操作も行われるのである．英語の語彙部門は少なくとも順序づけられた二つの**レベル**（level），もしくは**階層**（stratum）に分かれており，語幹にクラス I 接辞が付加されるのは，語彙部門の深いレベル，すなわちレベル I においてである．それに対して，クラス II 接辞の付加は，より表層に近いレベル II で行われる（図1参照）．

また，語彙部門の各レベルは，形態操作部門と音韻操作部門とに分かれ，互いに連携しあっている．レベル I の形態操作部門で形態操作（クラス I 接辞付加）がおこると，そこで得られた形式が次に同じレベル I の音韻操作部門に送られ，音韻規則が適用される．全てのクラス I 接辞付加，およびそれに伴う音韻操作が終了すると，そこで得られた形式は，今度はレベル II の形態操作部門に送られる．そしてレベル II の形態部門でクラス II 接辞付加などの形態操作が加えられた後，レベル II の音韻操作部門に送られて，そのレベルに特化した音韻規則の適用を受けるのである（図1参照）．レベル I では，形態部門と音韻部門の間のやりとりは繰り返しなされ，接辞付加がおこる度に同じ音韻規則が適用されるため，循環的（cyclic）である．この循環性を示すため，図1ではレベル I の形態と音韻操作の間を双方向の矢印で示した．

次に示す (1)〜(3) は，三間（2005）を参考にして，語彙部門における接辞付加と音韻操作適用の順序を示したものである．レベル I における音韻操作には，(1) の強勢付与や（強勢付与のメカニズムの詳細については3.3節を参照），(2) の三音節短母音化，そして (3) の鼻音同化などがある．レベル I の音韻操作が終了すると，レベル II の形態操作部門にてクラス II 接辞が付加されるわけだが，この時点では，すでに上で述べた音韻操作の適用は終了しており，改めてレベル II の音韻操作部門で，同じ操作が適用されることはない．よってクラス II 接辞はクラス I 接辞よりも，音韻的に中立な性質を持つのである．

(1) 強勢付与
　　基底　　　　　　　　　　　　parent, -al　　　　parent, -less
　　レベル I　　　強勢付与　　　párent　　　　　　párent
　　　　　　　　　接辞付加　　　párent + al　　　　なし
　　　　　　　　　強勢付与　　　paréntal　　　　　なし
　　レベル II　　 接辞付加　　　なし　　　　　　　párent + less
　　表層　　　　　　　　　　　　paréntal　　　　　párentless
(2) 三音節短母音化
　　基底　　　　　　　　　　　　s[eɪ]ne, -ity　　　r[eɪ]n, -y, -ness
　　レベル I　　　接辞付加　　　s[eɪ]ne + ity　　　なし
　　　　　　　　　短母音化　　　s[æ]nity　　　　　なし
　　レベル II　　 接辞付加　　　なし　　　　　　　r[éɪ]n + y + ness
　　表層　　　　　　　　　　　　s[ǽ]nity　　　　　r[éɪ]niness
(3) 鼻音同化
　　基底　　　　　　　　　　　　in-, moral　　　　 un-, moral
　　レベル I　　　接辞付加　　　in + moral　　　　なし
　　　　　　　　　鼻音同化　　　immoral　　　　　 なし
　　レベル II　　 接辞付加　　　なし　　　　　　　un + moral
　　表層　　　　　　　　　　　　immoral　　　　　 unmoral

では，表1の(エ)で取り上げた子音結合の簡略化はどうなるのか．上の(1)〜(3)の場合とは異なり，子音結合簡略化はクラスI接辞付加の場合には適用されず，クラスII接辞付加の場合に適用されている．これはレベルIの音韻操作の一つに**音節化**（syllabification）があり，レベルIIの音韻操作として子音結合簡略化があると考えると説明がつく．また4.1.2項では，/mb/ や /mn/ そして /ŋg/ といった子音結合は語末で許容されないと述べたが，これはより厳密には音節末で許容されないと考えよう．クラスI接辞の付加がおこると，音節化の操作によって子音結合が英語の音素配列規則に適した形に変換されるため，レベルIIで適用される子音結合簡略化の音韻操作を免れることができる．クラスII接辞の場合は，音節化の適用がすでに終了した後のレベルIIの形態操作部門で付加されるため，語幹の最終音節の末尾には，違法な子音結合がそのまま残ってしまい，レベルIIでの簡略化の規則適用により，単一子音 m へと変化する．これを以下の(4)に示す（三間2005参照）．

(4) 語幹末の子音結合の簡略化

		bomb, -ard	bomb, -er
基底		bomb, -ard	bomb, -er
レベル I	接辞付加	bomb + ard	なし
	音節化	bom.bard	bomb
レベル II	接辞付加	なし	bomb.er
	簡略化	なし	bom[ø].er
表層		bombard	bom[ø]er

ここまでで，語彙音韻論の考え方，すなわち形態素付加およびそれに伴う音韻規則適用にはレベルの順序づけがあるという考え方に基づき，クラス I 接辞とクラス II 接辞の付加による音韻操作の違いについて捉えてきた．

このようにレベルの順序づけがあると考えることで，実はもう一つ，クラス I 接辞とクラス II 接辞の振る舞いの違いを説明できる．(5a) に示すように，クラス I 接辞はクラス II 接辞を含む語幹に付加されると，非文法的となる．これは，順序的に後で付加されるべきクラス II 接辞が，クラス I 接辞より先に語幹に付加されてしまっているためであると説明できる．それに対し，(5b) にあるようなそれ以外の組み合わせは，接辞付加の順序づけに違反しないので，どれも可能である．よって例えば，クラス II 接辞はクラス I 接辞を含む語幹にも付加できる．しかし，この接辞付加の順序づけに関してパラドックス（矛盾）が生じる場合がある．演習問題 1 でそれを考えてみよう．

(5) a. クラス I がクラス II 接辞を含む語幹に付加（非文法的）
*[event-less$_{II}$] -ity$_I$, *[hope-ful$_{II}$] -ity$_I$, *[child-hood$_{II}$] -al$_I$, *in$_I$- [book-ish$_{II}$]
b. 上記以外（文法的）
[product-ive$_I$] -ity$_I$, [logic-al$_I$] -ly$_{II}$, [rain-y$_{II}$] -ness$_{II}$, un$_{II}$- [book-ish$_{II}$]

4.1.4 語彙規則の特徴

ここまででみてきた音韻規則（例えば，強勢付与規則，三音節短母音化規則や軟口蓋音軟音化規則，子音結合の簡略化規則など）は，語彙部門において適用されるので，**語彙規則**（lexical rules）と呼ばれている．これらの語彙規則の特徴について，以下の点をおさえておこう．

a. 語の内部で適用される

語彙規則である以上，語を範囲として適用されており，第 5 章でより詳しく触

れる後語彙規則，すなわち語と語の境界を越えても適用される規則とは異なる．

b. 適用される形態素の種類が限定的

　語彙規則の適用は，形態素の種類を選ぶことが多い．例えば，軟口蓋音軟音化規則などは，クラス I 接辞が付加された語幹にのみ適用されるが，これらの接辞や語幹は主に，ラテン系の言語（フランス語やラテン語）に語源を持つものである（本章のコラム参照）．

　また，3.3.5 項の (60) と (61) で示したように，クラス I 接辞付加に伴う強勢付与規則も，各接辞ごとに何を韻律外とするかが異なっていたのを思い出してほしい．名詞を作り出す -ion と -ity の場合は，最終音節の ty と on が韻律外となるが (6a)，形容詞を作り出す -ic の場合は子音が韻律外となっていた (6b)．しかし，同じ形容詞を作り出す接辞であっても，-al の場合は音節の韻律外性が働いている (6c)．

(6) 3.3.5 項の (60) と (61) の例からの抜粋
　　　a. sug (gésti)⟨on⟩, (pùb)(líci)⟨ty⟩,　b. (àlco)(hóli)⟨c⟩,　c. o (rígi)⟨nal⟩

　さらに 3.3.5 項では，強勢転移の種類（強転移か弱転移か）についても，どの転移の適用を受けるかが，各接辞ごとに指定されていることもみてきた．例えば -ate, -fy, -ize などは強転移の適用を受けるのに対し (7a)，-oid, -ite などは弱転移の適用を受ける (7b)．

(7) 3.3.5 項の (62) の例からの抜粋
　　　a. 強転移　(cóncen)(trà)⟨te⟩,　(sátis)(fỳ),　(récog)(nì)⟨ze⟩
　　　b. 弱転移　el (líp)(sòi)⟨d⟩,　sta (lág)(mi)⟨te⟩

同じように 3.2 節では，日本語においても，アクセントの位置に関する指定が助詞や接尾辞ごとになされているという事実を観察してきた．例えば，同じ 1 モーラからなる形態素であっても，「氏」の場合は劣勢のアクセント規則が適用されるので，付加される先の名詞の語彙アクセントが全体のアクセントとして投射されるが，「家」の場合は優勢のアクセント規則が適用されるので，付加される先の名詞の語彙アクセントの有無にかかわらず，「家」の直前にアクセントが現れる（3.2.4 項参照）．このように，語彙規則は，適用される形態素が限定的である場合が多い．

c. 構造保持の原則

　語彙規則には**構造保持**（structure preservation）の原則が働いている（Kiparsky 1985）．

(8) 構造保持の原則

音韻規則適用はその言語の**基底表示**（underlying representation）に存在する**音素**（phoneme）以外の分節音を作り出してはならない．

この構造保持の原則に従い，上記で取り上げた三音節短母音化規則や軟口蓋音軟音化規則の適用の結果現れる分節音は全て，英語の音素体系に存在するものばかりである．

d. 例外の存在

語彙規則適用には「例外」として定められている語が少なからず存在する．例えば，obése → obésity の場合，-ity が付加されているので，本来ならば三音節短母音化規則が適用され，語幹の強音節が長母音の iː から短母音の ε に変化してもよいはずである．しかし，この obesity は，その規則の適用を免れる例外として定められているので，強勢音節は長母音のままである．

e. 発話速度や言語の使用場面に影響を受けない

例外こそ存在すれど，語彙規則はそれが適用されると定められている語には，発話速度や使用場面に関係なく，義務的に安定的に適用される．例えば bomber では，発話速度が遅かろうと早かろうと確実に子音結合の mb の b が削除される．

これらの語彙規則に対し，語彙部門の域を出て，句や文が出来上がった後に適用される**後語彙規則**（postlexical rules）は性質が異なる．まず後語彙規則は，語と語の境界を越えて適用されることも可能であり，英語の基底表示の音素体系には存在しない分節音（例えば弾音（flap））までも作り出すことができてしまう．また適用の条件さえととのっていれば適用が可能であり，形態素の種類が限定されていることもなければ，適用を免れる「例外」が特に定められたりもしていない．さらに，発話速度や言語の使用場面によって，適用の度合いや有無が左右され，不安定な側面を持つ．このような後語彙規則については，第 5 章で触れる．

4.2 複合語

次に，複合語について考察してみよう．複合語は語と語を組み合わせて，さらに大きな語を形成するものである．複合語も先にみてきた英語の派生接辞を伴う語と同じく，語彙部門で形成され，そしてそれに伴う音韻規則も語彙規則としての特徴を有している．

コラム3● クラスⅠ・クラスⅡ接辞の区別と語種との関係

　クラスⅠとクラスⅡ接辞の違いは，借用語（外来語）と本来語の区別と関係がある．英語には本来語であるゲルマン系の語彙だけでなく，11世紀のノルマンコンクエスト以降に大量に流入したフランス語やラテン語といった，ラテン系の言語に語源を持つ語彙が多く存在する．前者は主に生活に身近な語が多く（day, sun, moon, week など），後者は文化，政治，軍事などの分野の語彙が中心である（jewel, prince, royal, army など）．さらにこれらの語彙の種類の違いは，クラスⅠ接辞とクラスⅡ接辞の区別とも関係がある．ラテン系の接辞（-ion, -ity, -al など）は一般的にはクラスⅠであり，本来語のゲルマン系の接辞（-ness, -less, -ish など）のほとんどがクラスⅡである．クラスⅠ接辞は，原則的にラテン系の語幹にしか付加しない．例えば，-al はラテン系の parent に付加されて parental となるが，ゲルマン系の mother や father に付加されて *motheral とか *fatheral といった語を生成することはできない．それに対し，クラスⅡ接辞はゲルマン系が主流ではあるが，それが選ぶ付加先には自由度があり，例えば -ness は conscious というラテン系語幹に付加されて consciousness ともなるし，ゲルマン系語幹の alike に付加して alikeness という語を生成することもできる．

　ちなみに，本来語の形態素と借用語の形態素とが，異なる音韻パターンを示すことは多くの言語で知られており，日本語も例外ではない．4.2.2項でも改めて触れるが，日本語の複合語の連濁規則に従うのは一部の例外を除いて本来語の形態素だけである．日本語の語彙の種類と音韻パターンとの関係に興味のある読者は，Ito and Mester（2009）も参考にしてほしい．

4.2.1　英語の複合語と強勢パターン

　英語の語形成の中でも，**複合語**（compounds）は生産性が高い．複合語は基本的に，後部要素がその意味の中核を担い，形態的な主要部として振る舞う．例えば，二つの名詞からなる複合名詞を考えてみよう．book report であれば本を読んだ際に感想を記した「レポート」をさし，linguistics class であれば言語学の「クラス」をさす．

　ではこのような複合語と，形容詞が名詞を修飾してできる**名詞句**（noun phrase）との間に，英語では何か音韻的違いはあるのだろうか．広く知られているのは，複合語と名詞句とでは強勢パターンが異なるということである．

　複合語は基本的に，その前部要素に最も卓立度の高い第1強勢があるのに対し

て，名詞句は，その後部要素に最も卓立度の高い第 1 強勢があるという違いが存在する．複合語の強勢規則は，**複合語強勢規則**（compound stress rule：CSR），名詞句の規則は**核強勢規則**（nuclear stress rule：NSR）と呼ばれてきた．

(9) [AB]c において
    a. CSR：c が複合語であるとき，A に S（S：最も卓立度の高い第 1 強勢）
    b. NSR：c が句であるとき，B に S

(9) の二つの規則によって，複合語と名詞句は以下のように，異なった強勢型を持つことになる（大文字の語が最も卓立度の高い第 1 強勢を担っている）．

(10) a. 複合語   b. 名詞句
    BLACK board（黒板）   black BOARD（黒い板）
    GREEN house（温室）   green HOUSE（緑の家）
    ENGLISH teacher（英語の先生）   English TEACHER（英国人教師）
    WOMAN doctor（産婦人科医）   woman DOCTOR（女医）
    BLUE bird（ツグミ）   blue BIRD（青い鳥）
    LOUD speaker（拡声器）   loud SPEAKER（大きい声の人）

しかしながら，英語には例外的に CSR に従わず句強勢型の強勢を持つ複合語が，10～30％ほど散見される．例えば，Madison AVENUE（c.f. MADISON street），apple PIE（c.f. APPLE cake）などである．これらの CSR に従う場合と従わない場合とに，特に言語学的に意義があると思われるような違いはない．よって Madison AVENUE のような場合は，純粋に CSR の適用の「例外」と捉えるべきであろう．

ただし，意味による一般化に基づいて，CSR に従わない場合を予測できるものもある．それは，複合語内の前部要素と後部要素が，意味的に並列の関係にあるような場合である．この並列複合語の場合，句強勢型パターンが生起する確率が上昇する．

(11) a. producer-DIRECTOR（プロデューサー兼ディレクター）
    b. historian-POLITICIAN（歴史家でもあり政治家でもある人）
    c. secretary-TREASURER（書記兼会計係）   （窪薗 1995）

ちなみに，本節で取り上げた複合語の CSR の規則は強勢に関する規則だが，3.3.5 項や 4.1 節でみたような，語彙部門のレベル I で適用される強勢付与規則とは，性質が異なる点を確認しておきたい．レベル I のクラス I 接辞付与に伴

う強勢付与規則の場合，韻律外の要素を決定し，韻脚構造に変化をもたらすことによって，語幹にもともと備わっていた語彙強勢の位置が移動している（3.3.5項）．それに対し複合語のCSRは，韻脚構造に変化をもたらすのではなく，あくまですでに各語に備わっている主強勢（第1強勢）の卓立度合いを調節するだけのものである．このように，レベルIで適用される強勢付与規則とは性質を異にするが，それでもCSRも語彙規則の一つである．というのも複合語という語の内部で適用され，さらにそれが適用されると定められている複合語には，安定的に適用される．また，例外として定められている語も存在しており，第5章で触れる後語彙規則とは異なる．

4.2.2 日本語の複合語と連濁

次に日本語の複合語について考えてみよう．日本語においても英語と同じく，右側の要素が複合語の主たる意味を担い，形態的な主要部として振る舞っている．例えば，sunakabe（suna+kabe 砂壁）は砂を原材料とした「壁」である．そして日本語の複合語に関連する音韻規則には，複合語アクセント規則と連濁規則がある．複合語アクセント規則に関しては，すでに第3章で触れたので（3.2.3項および3.4.1項参照），ここでは連濁規則に注目する．

連濁は，複合語の第2要素の語頭の清音（無声阻害音）が濁音（有声阻害音）に変化する現象である．これを，以下の（12）に示す名詞＋名詞の複合名詞でみてみよう．

(12) a. geta + hako → getabako（下駄箱）
 b. yu + toofu → yudoofu（湯どうふ）
 c. hira + kana → hiragana（平仮名）

この日本語の複合語における連濁も，英語の派生接辞を伴う語に適用される規則と同じく，語彙部門で適用される語彙規則としての特徴を備えている．まず，連濁は構造保持の原則に従い，日本語の音素である有声阻害音（「ガ」「ザ」「ダ」「バ」行の子音）しか作り出さない．ただし，連濁が適用されるには，一定の条件を満たしていなければならない．また，連濁規則が適用されるはずの条件がととのっていても，例外的に適用されないと定められているものが存在し，さらには連濁規則が適用できる語彙の種類は，基本的に和語に限定されている．このように連濁規則が適用されない場合を以下で確認していこう．

a. 例外として連濁が適用されないと定められている場合

単に例外的に連濁規則の適用を受けないと定められている語が存在する．例えば，kata + kana → katakana（片仮名）が挙げられる．これは，(12c)の例 hira + kana → hiragana（平仮名）とは対照的であり，特に連濁の適用が回避される特別な条件が存在しているわけではない．このことは英語の語彙規則の適用に例外が存在しているのと類似している．

b. ライマンの法則によって適用されない場合

例外ではなく，一般化に基づいて連濁が適用できない場合もある．その一つとして，後続要素の第2音節以降に，有声阻害音が存在する場合が挙げられる．(13)に例を示す．

(13) a. doku + tokage → *dokudokage（毒ト[to]カゲ）
　　　b. kami + kaze → *kamigaze（かみか[ka]ぜ）

この「後部要素の第2音節以降に有声阻害音がある場合に，連濁は起こらない」という一般化は，**ライマンの法則**（Lyman's law）として広く知られているが，ライマンの法則にも，それを無視する nawa + hasigo → nawabasigo（縄ばしご）のような例外が存在している．

c. 語彙の種類によって適用されない場合

連濁が一般化に基づいて適用されないもう一つのケースとして，語彙の種類が挙げられる．連濁が適用されるのは，日本語の本来語である和語からなる複合語と限定されており，漢語や外来語からなる複合語には適用されないのが一般的である．これを (14) に示す．

(14) a. ama + kasa → amagasa（雨傘：和語）
　　　b. biwa + ko → *biwago（琵琶湖 [ko]：漢語）
　　　c. rein + kooto → *reingooto（レインコ[ko]ート：外来語）　　　(窪薗 1995)

またここにも例外はあり，例えば，booeki + kaisha（貿易会社）は，漢語からなる複合語であるにもかかわらず，booekigaisha となり連濁してしまう．

d. 統語的な要因によって適用されない場合

ここまでは名詞＋名詞の複合語をみてきたが，後部要素が動詞連用形から派生した複合語の場合（名詞＋動詞連用形），項構造が連濁の有無に作用することが知られている．前部要素が後部要素で表されている動作を修飾する**付加詞**(adjunct)である場合，連濁がおこるが，前部要素が後部要素の目的語，すなわち**内項**（internal argument）であるときは，連濁がおこらない傾向にある（奥村 1955，金田一 1976，伊藤・杉岡 2002，鈴木 2008，Yamaguchi 2011 ほか）．これを (15) に示す（付加詞および内項についての詳細は，本シリーズ第 5 巻『統語論』の 1.2.3 項および 1.4.3 項を参照のこと）．

(15)　　　前部要素が付加詞　　　前部要素が内項（目的語）
　　a.　磯釣（ヅ）り　　　　　魚釣（ツ）り
　　　　「磯で釣る」　　　　　「魚を釣る」
　　b.　堅掘（ボ）り　　　　　穴掘（ホ）り
　　　　「堅に掘る」　　　　　「穴を掘る」

この 2 種類の動詞由来の複合語に関して，演習問題 4 にも取り組んでみよう．

e. 並列複合語の場合

先に英語の複合語について論じた際，並列複合語では複合語強勢規則である CSR に従わない場合が多いことに触れた．同じように日本語の複合語においても，(16b)，(17b) に示すように，並列複合語では連濁は生起しない．よって，同じ「山」と「川」からなる複合語でも，後部要素の「川」が形態的な主要部となっている (16a) では連濁するが，並列の (16b) は連濁していない．

(16) a. ヤマガワ（山川＝山にある川）
　　 b. ヤマカワ（山川＝山と川）
(17) a. オビレ（尾鰭＝尾の鰭）
　　 b. オヒレ（尾鰭＝尾と鰭）　　　　　　　　　　　　　　　　（窪薗 1995）

以上みてきたように，連濁は，複合語という「語」の内部に適用されている規則であり，さらに構造保持の原則に従い，適用できる語彙の種類も限定的であり，また適用の例外として定められている語も存在するということから，語彙部門で適用される語彙規則であるということがみえてきた．

4.2.3 複合語形成の語彙レベル

それでは，語彙部門のどのレベルで，複合語形成とそれに伴う音韻規則の適用が行われているのだろうか．語彙音韻論の一部には，英語の複合語形成とそれに伴う音韻規則の適用は，レベル II よりさらに表層に近いレベル III で行われると主張するものもある（Mohanan 1982 など）．この考え方に基づけば，どうして *unhomemade が英語で許容されないのかが説明がつく．すなわち，この語の語

彙構造は，$^{*}\text{un}_{\text{II}}\text{-}[\text{hom-made}_{\text{III}}]$ となっており，レベル III で形成された複合語の後にレベル II の接頭辞が付加されているため，レベルの順序づけに違反している．しかし，この「複合語はレベル III で」という提案は，常に正しい予測をするだろうか．演習問題 2 で考えてみよう．

4.3 音韻における形態的主要部の役割

次に形態論における**主要部**（head）という概念に焦点をあててみたい．複合語において，語の全体の品詞や意味内容を決定する重要な役割を担うものが主要部であり，英語や日本語の複合語では，並列複合語のように主要部が定められない場合を除いて，原則的に右側の要素が形態的な主要部となっているという点にはすでに触れた．このような形態構成素における右側主要部は，意味や品詞の決定といった形態統語的な役割だけでなく，音韻的にも重要な役割を果たしている．例えば，3.2.3 項で日本語の名詞アクセントについて取り扱ったが，そこでも複合語の右側主要部の語彙アクセントが，複合語全体にも投射されているケースを紹介した（例：め｜がね＋さ｜る→めがねざ｜る）．本節では，日本語と英語の**混成**（blending）においても，右側の主要部が語の大きさを決定する役割を担っているという点について触れる．

混成とは，複合語とは異なり，左側の語と右側の主要部の語の一部を取り出し，融合させた語のことである．例えば，spoon＋fork → spork や「ダスト＋ぞうきん→ダスキン」といったものが例である．そしてこの混成語の大きさ（モーラ数もしくは音節数）は，右側の主要部の大きさと等しくなっている．例えば (18) の日本語の例では，右側主要部のモーラ数と，混成によって形成された語のモーラ数とが一致している．また (19) の英語の例でも，右側主要部の音節数と，混成語の音節数に一致がみられる．

(18) 日本語の混成　　　　　　　　　　　　　モーラ数
　　a. ダスト＋ゾーキン　→　ダスキン　　　3＋4　→　4
　　b. ママ＋アイドル　　→　ママドル　　　2＋4　→　4
　　c. オ＋シッポ　　　　→　オッポ　　　　1＋3　→　3

(19) 英語の混成　　　　　　　　　　音節数
　　a. smoke + fog　　→　smog　　1 + 1　→　1
　　b. breakfast + lunch　→　brunch　2 + 1　→　1
　　c. lunch + supper　　→　lupper　1 + 2　→　2　　　　（渡部・松井 1997）

このように語彙部門における音韻操作は，形態構造に関する情報（すなわちここでは何が形態的な主要部なのか）を読み取り，音韻パターンの決定要因として利用しているということが，この混成の例からもみえてきた．形態と音韻は独立している部門であっても，そこには密な連携があり，このように他の部門との「インターフェイス」抜きには，音韻論研究は成り立たないということを示している．

4.4 まとめ

　本章ではまず 4.1 節で，英語の派生接辞の付加は二つのレベルに分かれており，それに伴って，音韻規則も二つのレベルでそれぞれ適用されているということを，語彙音韻論の考え方に基づいて示した．しかし，本章は形態構造と音韻の関係についての入門であるということを鑑み，語彙音韻論そのものについて詳しく扱ったわけではないので，注意されたい．
　4.2 節では，英語と日本語の複合語と，それに伴う音韻規則について扱った．複合語形成に伴って適用される音韻規則も，英語の派生接辞にかかわる音韻規則と同じように，例外があったり，適用される語彙の種類が限定的であったり，また構造保持の原則に従ったりと，語彙規則としての特性を備えており，語彙部門において適用される規則であることを確認した．最後に 4.3 節では，形態的な主要部が，音韻においても重要な役割を果たすという点について触れた．
　次章では，語が語彙部門を抜け出て，統語部門において句や文を作ったときに，音韻的にどのような現象がおこるのか，そしてそれは音韻論でどのように捉えられるのかについて概観していく．

より深く勉強したい人のために
- 窪薗晴夫（1995）『語形成と音韻構造』くろしお出版.
　日本語と英語に共通した語形成過程とそれに関係した音韻構造について明瞭に解説したもの．初級者から上級者にかけて，幅広い読者層が対象とされている．

- 三間英樹（2005）「音韻論と形態論の関係――語彙音韻論」西原哲雄・那須川訓也（編）『音韻理論ハンドブック』英宝社．
  英語を中心として音韻論と形態論の関係を扱った語彙音韻論の基本的枠組みを簡潔にまとめたもの．初・中級者から上級者向き．
- 桑原輝雄・高橋幸雄・小野塚裕視・溝越　彰・大石　強（1985）『現代の英文法3：音韻論』研究社．
  出版年は少し古くなるが，生成形態論から語彙音韻論までの変遷を簡潔にわかりやすくまとめた良書．初・中級者から上級者向き．

演習問題

1. レベルIとレベルIIの語彙レベルの順序づけを提唱する音韻理論にとって，語幹（grammatical）に二つの接辞（un- と -ity）が付加されている ungrammaticality という語は，どのように問題となるか考えなさい．
2. 語彙音韻論の一部には，英語の複合語形成とそれに伴う語彙規則の適用は，クラスII接辞が付加されるレベルIIよりも，さらに上の「レベルIII」で行われると提案するものもある．この考え方に照らし合わせると，unself-concious という語は，どのように問題となるか考えなさい．
3. 英語の t で終わる語幹に，クラスI接辞の -ion が付加されたときに適用される音韻変化について，以下の設問に答えなさい．
（ア）語幹だけからなる語と派生語とを比較し，派生語ではどのような音韻変化が語幹におこっているか答えなさい．
　　（i）act　　　　　action　　（iii）opt　　　　option
　　（ii）except　　exception　（iv）react　　reaction
（イ）以下の派生語はどれも（ア）の場合と同様に，t で終わる語幹に -ion が付加されている．

　　digestion, exhaustion, question, suggestion

これらの語では，（ア）の設問で答えたものと同じ音韻変化はおこっているか．もしも同じでないのなら，どのように異なるのか．またどうして異なる変化をおこすのか，機能的な理由（発音や知覚に基づく理由）を各自考えなさい（ヒント：語幹末音節の尾子音の子音結合）．
4. 本文の（15a, b）に挙げた複合語の例，すなわち後部要素が動詞から派生した複合語の例で，前部要素が付加詞の場合と内項（目的語）の場合とでは，連濁の有無に違いがあると述べた．では，アクセントのパターンはどうだろうか．これら2種類の複合語の例をさらに探し，標準語もしくは自分が母語とする方言において，アクセントのパ

ターンにも違いがあるか観察し，その違いがどのようなものなのか一般化しなさい（ただし，例外的なものも存在するので，最も強く現れる傾向を一般化しなさい）．

文　献

伊藤たかね・杉岡洋子（2002）「複数のレベルにまたがる語形成」『語の仕組みと語形成』研究社：69-145.
奥村三雄（1955）「連濁」『国語学辞典』東京堂出版：961-962
金田一春彦（1976）「連濁の解」*Sophia Linguistica* **2**：1-22.
窪薗晴夫（1995）『語形成と音韻構造』くろしお出版．
桑原輝雄・高橋幸雄・小野塚裕視・溝越　彰・大石　強（1985）『音韻論（現代の英文法3）』研究社．
三間英樹（2005）「音韻論と形態論の関係──語彙音韻論」西原哲雄・那須川訓也（編）『音韻理論ハンドブック』英宝社：157-172.
鈴木　豊（2008）「動詞連用形転成名詞を後部要素とする複合語の連濁」『文京学院大学外国語学部文京学院短期大学紀要』**8**：213-234.
西原哲雄・那須川訓也（編）（2005）『音韻理論ハンドブック』英宝社．
渡部真一朗・松井理直（1997）「音声言語研究」藤本和貴夫・木村健治（編）『言語文化概論』大阪大学出版会：137-150.
Halle, Morris and Karuvannur Puthaanveettil Mohanan (1985) "Segmental Phonology and Modern English," *Linguistic Inquiry* **16**: 57-116.
Ito, Junko and Armin Mester (2009) "Lexical Classes in Phonology," in Shigeru Miyagawa and Mamoru Saito (eds.) *Handbook of Japanese Linguistics*, Oxford: Oxford University Press, 84-106.
Kiparsky, Paul (1982) "Lexical Morphology and Phonology," in I-S. Yang (ed.) *Linguistics in the Morning Calm*, Seoul: Hanshin, 3-91.
Kiparsky, Paul (1985) "Some Consequences of Lexical Phonology," *Phonology Yearbook* **2**: 85-138.
Mohanan, Karuvannur Puthaanveettil (1982) *Lexical Phonology*, Doctoral dissertation, MIT.
Yamaguchi, Kyoko (2011) "Accentedness and *Rendaku* in Japanese Deverbal Compounds," *Gengo Kenkyu* **140**: 117-133.

第5章 句レベルの音韻論

菅原真理子

　第2章から第4章にかけて，音節，韻脚，そして語の構造や形成のメカニズムと，それに関係する原理や規則を考慮することで説明ができる音韻現象をみてきた．しかしそれだけで人間の言語使用における音韻特徴を捉えられるかというと，答えは否である．自然発話では，単語単体で発音されることもあるが，複数の単語が集まって句や文を作って発音されるのが普通である．すると，単語単体だけで発音されたときにはおこらなかった音韻パターン，すなわち後語彙的な音韻現象が現れる．それはランダムなものではなく，句構造といった言語学的に意義のある要因から，ある程度予測できるものであり，音韻論においても形式化の対象である．本章では，このような句レベルの音韻現象を考察していく．

5.1 韻律範疇

　語彙部門の外で複数の語が集まって句が構成されたときに，語単体で発音されたときとは異なる音韻パターンが現れる例としては，まず英語の単一音節からなる前置詞が挙げられる．例えば前置詞 at は，それ単体で発音されると [æt] と強勢（完全母音）を伴って発音されるが，Look at that. という文の中では [ət] と無強勢のあいまい母音を伴う発音に変化する（5.3節参照）．また内容語でも単体で発音される場合と文中で発音される場合で，音韻パターンが異なるケースがある．例えば，persevere という動詞は，単体で発音されると第1強勢が最終音節に，そして第2強勢が語頭音節に現れ，pèrsevére（第1強勢に「´」，第2強勢に「`」をふってある）となるが，文の中で後ろに gladly という副詞が続くと，第1強勢と第2強勢の位置が逆転し，He pérsevères gladly. となる（5.2.2項参照）．セルカーク，ネスポルとヴォーゲル，そしてヘイズらは，このような句レベルの音韻現象は，統語範疇からは独立した**韻律範疇**（prosodic category）の構造を通して捉えることができると提唱している（Selkirk 1986, Nespor and Vogel 1986, Hayes 1989）．韻律範疇は以下の (1) に示すような**階層**（hierarchy）をなしており，こ

れを**韻律階層**（prosodic hierarchy）と呼ぶ．

(1) 韻律階層（Selkirk 1986）

(　　　　　　　　　　　　　　　　　　　)	発話　　U（Utterance）
(　　　　　　　)(　　　　　　　　　　)	音調句　IPh（Intonational Phrase）
(　　)(　　　　)(　　　)(　　　　　　)	音韻句　PPh（Phonological Phrase）
(　　)(　　)(　　)(　　)(　　)(　　　)	音韻語　PWd（Phonological Word）
()(　)(　)(　)(　)(　)(　)(　)(　)(　)	韻脚　　Ft（Foot）
()()()()()()()()()()()()()()()()()()	音節　　σ（Syllable）

そして，上記に示したような句レベルの音韻操作，すなわち文中における前置詞の弱化や，内容語の第1強勢と第2強勢の位置交代などの規則の適用の有無は，統語構造を直接に参照して決まるのではなく，あくまで(1)の韻律範疇の構造を参照して決まる，というのがセルカークたちの提案である．

このように韻律範疇の句構造が定まってから適用の有無が決まる音韻規則は，**後語彙規則**（postlexical rules）であり，第4章で触れた語彙規則とは性質が異なっている．後語彙規則と語彙規則の比較に関しては，5.6節を参照してほしい．

上の(1)の韻律階層では，音韻語（PWd）から上のレベルは，語や句など統語範疇と類似した名称となっているが，先にも述べたように，全て統語からは独立した範疇である．ただし統語からは独立こそしていても，全く無関係というわけではない．セルカークの**統語から韻律への写像**（syntax-prosody mapping）のモデルに従えば（Selkirk 1986），まずは**語彙部門**（lexicon）から語彙が取り出されて**統語構造**（syntactic structure）が形成され，今度はその統語構造が**韻律構造**（prosodic structure）に写像される．この際，統語構成素の境界と韻律範疇の境界との対応，すなわち統語構造と韻律構造の**インターフェイス**（interface）をつかさどる**端揃え制約**（edge alignment constraint）などの制約によって，統語構造と韻律構造との間には，完全ではないにしろ，ある程度の一致がみられるようになる（5.2.2項, (10)参照）．

(2) 統語から韻律への写像

語彙部門
　↓　語彙部門から語彙を取り出し統語構造を形成
統語構造
　↓　統語と韻律のインターフェイスの制約などによって韻律構造を形成
韻律構造
　↓　後語彙的な音韻規則の適用によって音声表示を形成
音声表示

上の (1) に挙げた韻律範疇から成立する韻律構造には，その構造のあり方を規定する基本的な制約がいくつかあり，その中の一つが (3) に示す**主要部制約** (HEADEDNESS) である (Selkirk 1996)．この制約により，例えば，韻脚を支配しない音韻語は排除される．

(3) HEADEDNESS
　　韻律範疇 C_i は韻律範疇 C_{i-1} を必ず一つは支配していなければならない（ただし，$C_{i \neq \sigma}$）．
　　例：音韻語は韻脚を必ず一つは支配していなければならない．

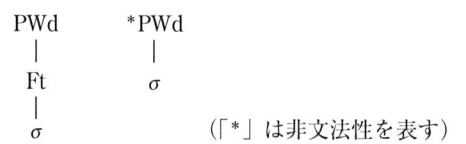

```
PWd      *PWd
 |        |
 Ft       σ
 |
 σ            （「*」は非文法性を表す）
```

ちなみに，(1) の韻律階層の韻律範疇のうち，音節 (σ) と韻脚 (Ft) は，統語構造が形成される以前の語彙部門 (lexicon) において，語彙規則の適用によってすでに各内容語内で形成されている (3.3 節および 4.1.3 項参照)．しかし語彙部門の外で韻律範疇の句構造が形成されると，後語彙的に**再音節化** (resyllabification) の操作が適用され，語彙部門ですでに形成された各内容語の音節の構造にまで変化がもたらされることがある．例えば，Wait till he comes. という文は Wait'll [weɪ.tl̩] he comes. とも発音される（ここでは till は [l] に短縮化され音節主音的に振る舞っており，それを示すために，[l] の下に「 ̩」を付加している．音節主音的子音については，2.3.4 項を参照）．この場合，内容語である動詞 wait は，語彙部門では 1 音節 ([weɪt]) の音節構造があてがわれるにもかかわらず，後語彙的に再音節化の操作が適用さ

れ，2音節（[weɪ.tl̩]）に分割されてしまっている．このように，句構造が出来上がってから適用される後語彙的な規則も，音節のようにミクロの音韻単位の形成にかかわる場合がある．

次の 5.2 節では，英語における**音韻語**（PWd），**音韻句**（PPh），**音調句**（IPh），そして**発話**（U）といった韻律範疇とその音韻特徴，および統語構造との関係についてまとめていく．

5.2 英語の韻律構造

5.2.1 音韻語（PWd）

a. PWdと内容語

PWd は一つ以上の韻脚（Ft）を支配している韻律範疇である．第 3 章でも紹介したように，韻脚（Ft）は強勢の単位であり，必ず強勢音節を含む．よって PWd には，必ず一つは強勢があることになる．複数の Ft からなる PWd の場合は，その中の一つの Ft が最も**卓立度**（prominence）の高い Ft，すなわち Pwd 内の韻律的な**主要部**（head）とみなされ，その主要部 Ft の強音節が PWd の第 1 強勢を担うことになる．英語では**内容語**（lexical word もしくは content word）は，基本的に文脈や環境に関係なく，第 1 強勢を伴って発音されるが，これは英語の内容語が常に PWd を形成するからである．

b. PWd 境界に特有の音韻現象

ここではまず，英語の PWd 境界に特有の音韻現象として，PWd の左側境界でおこる無声閉鎖音の帯気音化を紹介する．すでに 1.6 節および 2.3.6 項では，強勢音節の最初の位置で，英語の無声閉鎖音は帯気音化すると述べてきたが，実は無強勢音節の頭であっても，(4) に示すように，PWd の最初の位置でさえあれば，無声閉鎖音は帯気音化する．

(4) a. (pʰə.ɹɛn.θə.sɪs)$_{PWd}$　　　'parenthesis'
　　b. (tʰə.ɹeɪ)$_{PWd}$　　　　　　'terrain'
　　c. (kʰə.ɹɛkt)$_{PWd}$　　　　　'correct'

また，アメリカのマサチューセッツ州の東部方言では，PWd の右側境界に r 音挿入（intrusive r）がおこることも知られている（Selkirk 1996）．この r 音挿入は，PWd が低母音およびあいまい母音 ə で終わり，かつ直後の語が母音もしくはわた

り音 (j や w) で始まるときに，その PWd と後続語との間に r 音が挿入される現象である．この r 音挿入の例として，(5) の例をセルカーク (1996) より引用する．

(5) a. The (spa $_{\text{PWd}}$)-r is broken.
   b. He put the (tuna $_{\text{PWd}}$)-r on the table.
   c. The boat'll (yaw $_{\text{PWd}}$)-r a little. (Selkirk 1996)

ちなみに (6) に示すように，無強勢のあいまい母音 ə を伴う単一音節機能語末の後ろでは，r 音挿入がおこらない (「*」は r 音挿入が不適切であることを示している)．さらに，(6a) の単一音節機能語 to は，統語的には語頭であるが，その左端で帯気音化がおこっておらず，(4) の内容語の例の場合とは対照的である．これは，単一音節の機能語が形態統語的には語であっても，音韻的には PWd を形成していないためであると，セルカークは説明している (Selkirk 1996)．単一音節の機能語と韻律構成素については，また 5.3 節で詳しく触れる．

(6) a. To [tə]*-r add ...
   b. Why do [də]*-r Albert and you ...
   c. A lot of [ə]*-r apples. (Selkirk 1996)

5.2.2 音韻句 (PPh)

次に PWd より一つ上の範疇である PPh を考えてみよう．英語の PPh は，**リズム規則** (rhythm rule) の適用領域であるといわれている (Nespor and Vogel 1986, Hayes 1989)．また，統語の**最大投射範疇** (maximal projection：XP) と関係のある韻律範疇でもある (Selkirk 1986, 1996．最大投射範疇 XP の概念に関しては，本シリーズ第 5 巻『統語論』1.4.2 項を参照してほしい)．

a. リズム規則の適用範囲としての PPh

リズム規則とは，以下の (7) に示す**強勢の衝突** (stress clash) を避けるために適用される**弱強反転** (iambic reversal) もしくは**強勢移動** (stress shift) のことである．

(7) 強勢の衝突
   二つの第 1 強勢音節 (すなわち，二つの語の主強勢音節) の間に，第 2 強勢音節が介在していないとき，二つの第 1 強勢音節は衝突している状態にある．

英語は，(7) に示した強勢の衝突を嫌う傾向にある．よって，そのような状況にある場合，先行する語の第 1 強勢の位置が，前方にある第 2 強勢の位置と逆転する

ことで，もともとの第1強勢音節は第2強勢音節へと変化し，強勢の衝突を回避するといわれている（ただしコラムにも示すように，強勢の逆転が起こっていると感じるのはあくまで英語母語話者の直観によるものであり，ピッチや強さや長さなどの物理的証拠を必ずしも伴うものではないので注意）．

例えば，(8a-b) に示す名詞句 Chinese dishes（形容詞が名詞を修飾）の場合を考えてみよう．この名詞句（noun phrase：NP）は一つの PPh を形成していると考えられる（PPh 形成と統語構造の関係については，以下のb項を参照）．リズム規則が適用される前は，先行する語の第1強勢（主強勢）は最終音節に，そして第2強勢は語頭音節にある (Chì.nése)．後続の語の第1強勢は語頭にあるため (díshes)，先行語の第1強勢音節と後続語の第1強勢音節の間には第2強勢音節は介在せず，強勢の衝突が起こっている (8a)．よって，リズム規則が適用され，以下の (8b) に示すように，先行する Chinese の第1強勢と第2強勢の位置が反転する．

(8) [the Chinese dishes]$_{NP}$
    a. リズム規則適用前　　　　b. リズム規則適用後
    (the Chinése　　dishes)$_{PPh}$　　(Chìnèse　　díshes)$_{PPh}$
      ○●　　　●　　→　　　●○　　　●
                              （●は第1強勢を，○は第2強勢を示す）

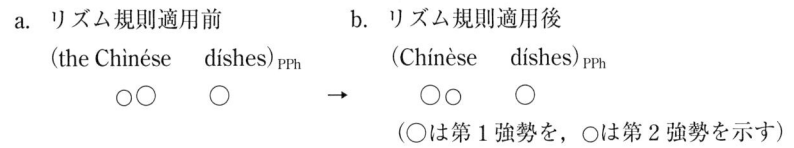

b. PPh 形成にかかわる統語的要因

ただし，このようにリズム規則が適用されるのは，強勢の衝突を抱える二つの語が統語的に結びつきの強い構成素を形成し，同一の PPh 内にある場合のみである．同じ二つの語の配列であっても，(9) にあるように，先行する Chinese が動詞の間接目的語として独立した名詞句，すなわち最大投射範疇を形成し，後続のdishes も直接目的語として独立した名詞句を形成しているような場合は，強勢移動は適用されない．

(9) He served [the Chìnése]$_{NP}$　　[díshes]$_{NP}$
                    ○●　　　　●

これは，(9) では Chinese と dishes が別々の PPh に分割されているということを意味し，そこから PPh の形成は統語構造と密接に関連しているということがわかる．セルカークは，このような PPh と統語との関連を，(10) の**端揃え制約**（edge alignment constraint）で形式化している（Selkirk 1986, 1996）．

(10) XP-PPh 端揃え制約
    a. 左端揃え制約：XP の左端は PPh の左端と一致しなければならない．
    b. 右端揃え制約：XP の右端は PPh の右端と一致しなければならない．

セルカークによれば，言語は (10a) の左端揃え制約を重要視するものと，(10b) の右端揃え制約を重要視するものとに分かれており，英語では (10b) の右端揃え制約が重要な役割を果たしている (Selkirk 1986, 1996)．

(11) 英語で重要な XP-PPh 端揃え制約 → 右端揃え制約

この右端揃え制約により，「どうして (8) の場合には Chinese と dishes の間に PPh 境界が介在しないのに，(9) の場合にはそれが介在するのか」という疑問の説明がつく．(8) の場合には，Chinese の右端は XP 境界と共起しないのに対し，(9) の場合にはその右端と XP (NP) 境界とが共起している．よって，そこには PPh 境界が現れるのだ．これを (9′) に示す．

(9′) He served [the Chinese]$_{NP}$ [dishes]$_{NP}$
                          ↓右端揃え
    (   )$_{PPh}$ (   )$_{PPh}$

c. PPh 形成にかかわる統語以外の要因

(10) の XP-PPh 端揃え制約は，統語範疇と PPh の対応に関しての制約であるが，PPh 形成にかかわる制約は，このように統語範疇に言及するものだけではない．次の (12) の例を考察してみよう．これらの例では，動詞 perseveres と直後の副詞句 (adverbial phrase：AdvP) が一つの統語構成素を形成しており，動詞の右側には XP の右側境界がない．よって，もしも上記の (10b) の右側端揃え制約だけが英語にとって重要な制約であるとすると，この二つの要素の間に PPh 境界が出現することは予測できない．しかしながら，(12b) のように副詞句が二つの要素からなる場合，直前の動詞 perseveres には強勢移動は適用されず (Nespor and Vogel 1986)，動詞と副詞句の境界に，PPh 境界が介在している．

(12) a. John [perseveres [gladly]$_{AdvP}$]$_{VP}$
        (pèrsevéres gládly)$_{PPh}$ → (pérsevères gládly)$_{PPh}$
         ○   ○   ○   ○   ○   ○

b. John [perseveres [gladly and diligently]ₐdvP]ᵥP
   (pèrsevéres)PPh (gládly and díligently)PPh
   ○   ○   ↑   ○   ┄┄┄リズム規則適用なし

(Nespor and Vogel 1986, p178)

このことは，PPh が支配できる要素の数，もしくは重さを規定する制約が存在していると仮定すると説明がつき，PPh の**枝分かれ制約**（BINARITY constraint）が提案されている（Selkirk 2000 ほか）．

(13) PPh 枝分かれ制約
   a. PPh は最低でも二つの PWd を支配していなければならない．
   b. PPh は最大でも二つまでしか PWd を支配できない．

英語では，この PPh 枝分かれ制約のうち，(13b) の最大数を規定する制約が，重要度の高い制約であり，最適な PPh 表示はこの制約を満たすことが求められると考えられる．(12b) において，動詞とその直後の副詞句とで，同一の PPh を形成してしまうと，その PPh 内の PWd が最大数の 2 個を超えてしまい，(13b) に抵触してしまうため，(12b) にあるように，動詞で独自の PPh を，副詞句内の 2 語でもう一つの PPh を形成する．

このように，PPh 形成には，統語範疇と韻律範疇の間の端揃え制約といった統語と韻律のインターフェイスにかかる制約のほか，一つの PPh が支配できる PWd の数を規定するような，純粋に韻律構成素だけにかかわる制約もかかわってくるのだ．

(14) PPh 形成にかかわる制約

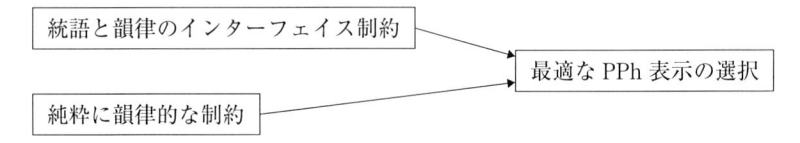

   統語と韻律のインターフェイス制約 ─┐
                                   ├→ 最適な PPh 表示の選択
   純粋に韻律的な制約 ──────────────┘

5.2.3 音調句（IPh）

IPh とは，ひとまとまりの**イントネーション**（intonation），もしくは**旋律**（tune）を伴って発音されるフレーズである．この IPh を特徴づける旋律的なまとまりとはどのようなものなのか，また IPh 形成にかかわる要因とはどのようなものなのか，以下で概観していく．

> **コラム4● 強勢移動は本当に物理的・心理的実態があるものなのか？**
>
> 　強勢の衝突を回避するための弱強反転の強勢移動（リズム規則）には，物理的証拠および心理的実体があるのだろうか．
>
> 　まず物理的実体であるが，強勢移動が起こるとされている環境にある単語のもともとの第1強勢音節の持続時間は，それが起こらないとされている環境にあると考えられている単語の第1強勢音節よりも5％ほど短くなると報告されている（Vogel *et al.* 1995）．しかしながら，ピッチには特に違いはないとも報告されており（Grabe and Warren 1995, Vogel *et al.* 1995），明確な物理的証拠があるとは言い切れない感がある．
>
> 　強勢移動の知覚に関しては，英語母語話者の思い込みによるところが大きいと示唆する結果が報告されている．Grabe and Warren（1995）によれば，語彙レベルで弱強型と決められている単語A（例えばChinèse）に，第1強勢音節から始まる単語B（例えばcóoking）が後続する形で聞き手に提示された場合に，100％の確率でAで弱強反転が起こっている（例えばChínèseとなっている）と聞き手によって判断された刺激音から，Aだけを切り離して単独で聞かせると，強勢移動がおこっていると判断される確率は30〜60％も減少してしまうという．このことは，英語母語話者たちは，必ずしも単語Aの音響特性から第1強勢の位置を判断しようとしているわけではなく，英語の音韻知識の一部として持っているリズム規則に引きずられ，ある程度「思い込み」で判断していることを意味している．ただし，このような「思い込み」こそが英語母語話者の音韻知識の反映であり，強勢移動には心理的実在性はあると考えてよいだろう．そして，文法理論研究の対象となっている**言語知識**（competence）は，必ずしも**言語運用**（performance）とは一致しないということの例証である．

a. IPhを形成する旋律

　旋律とは主に声の高さ，すなわち**ピッチ**（pitch）の上下変動のことである．英語の場合，IPhそれぞれに知覚的に顕著なピッチの山もしくは谷，すなわち**ピッチアクセント**（pitch accent）が少なくとも一つはあり，それに続く上昇調や下降調などの**句末音調**（boundary tone）で終わる．また，一つのIPh内にピッチアクセントは複数おこることもできるが，英語母語話者にとって，IPhの最終ピッチアクセントは，それに先行するピッチアクセントよりも卓立して聞こえるということから，**核アクセント**（nuclear accentもしくはtonic accent）と呼ばれている．

核アクセントに先行するピッチアクセントは，**前核アクセント**（prenuclear accent）と呼ばれており，あってもなくてもよいオプショナルなものである．また，核アクセントのピッチの値は，それに先行する前核アクセントのピッチ値よりも高くある必要はなく，あくまでも「より卓立している」というのは英語母語話者の感覚を表しているにすぎない．これは IPh 句末に近づくに従い人間の声の音域は自然と下降するため，聞き手は知覚の際にその下降を差し引いて卓立度合いを判断している可能性，および IPh 句末の内容語の方が，句中の内容語より長く読まれる傾向にあるからといった可能性が考えられる．

以上のことをまとめると，IPh の旋律を形成する音調の組み合わせは (15) のようになる．

(15) IPh の旋律を形成する音調の組み合わせ

$\boxed{\text{前核アクセント（オプション）}} + \boxed{\text{核アクセント}} + \boxed{\text{句末音調}}$

英語では，ピッチアクセントの付加先となるのは，内容語の第 1 強勢音節の音節主音の母音である．またその形状は，常に「高低」の形をとる日本語のアクセントとは大きく異なり，山型であったり谷型であったり，鋭角な上昇や下降を伴ったり伴わなかったりと，文脈の情報構造や意味，そして話者の感情といった要因に左右されて異なる．

単一の内容語 Amélia だけで IPh を形成している (16) の例を考えてみよう (Ladefoged and Johnson 2011, p128-129 を参考)．この例の音調曲線で，ピッチアクセントである部分は点線の枠で囲ってある．例えば (16a) のように，What is her name? に対する答えとして Amelia と発話される場合は，第 1 強勢音節はピッチの頂点と共起している．同じく，(16c) の場合は驚きを伴って Amelia と発音された場合であり，このときも強音節に頂点が現れるが，直前に急なピッチの上昇を伴っている点で (16a) とは異なる．これに対し (16b) では，頂点ではなく，ピッチの谷と強音節とが共起している．このように，英語のピッチアクセントの形状にはバリエーションがある．

(16) a. (Amélia)_IPh

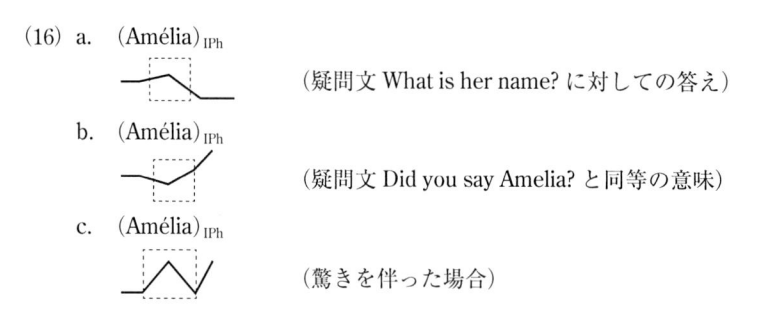

（疑問文 What is her name? に対しての答え）

b. (Amélia)_IPh

（疑問文 Did you say Amelia? と同等の意味）

c. (Amélia)_IPh

（驚きを伴った場合）

(Ladefoged and Johnson 2011, p128-129 を参照)

　また日本語の内容語の場合，語彙部門でアクセントを付与された語は，情報構造（文脈）や統語的要因に関係なく，常にアクセントを伴って表層に現れるが，英語の内容語の場合，ピッチアクセントと共起するか否かは，情報構造や統語的要因によって決まる（Gussenhoven 1983, Selkirk 1995）．

　(17)にいくつか，情報構造によって核アクセントの位置が変動する例を示す（核アクセントを担う語には二重下線が引かれている）．(17)は他動詞文のケースであり，(17a)のように文全体が新情報である場合と，(17d)のように目的語だけが焦点となる場合で，同じ位置に核アクセントが付与されている．しかし，核アクセントは常に目的語の位置に置かれるかというとそうではなく，(17b)のように主語が焦点となるとその位置に，また(17c)のように動詞が焦点となるとそこに，それぞれ核アクセントが現れる．

(17) a. 特に文脈が与えられない中立的な発話，もしくは文の命題全体が新情報のとき
　　　(The baby's eating nuggets)_IPh
　　b. 主語 baby が焦点（「誰がナゲットを食べているのか」への答え）
　　　(The baby's eating nuggets)_IPh
　　c. 動詞 eating が焦点（「赤ちゃんはナゲットに何をしているのか」への答え）
　　　(The baby's eating nuggets)_IPh
　　d. 目的語 nuggets が焦点（「赤ちゃんは何を食べているのか」への答え）
　　　(The baby's eating nuggets)_IPh

　さらに，自動詞文が与えられると，(17a)のような中立的な文脈と，(17b)のように主語が焦点と解釈されている場合とで，核アクセントが等しく主語に付与されるともいわれており（Selkirk 1995），情報構造だけでなく，自動詞文や他動詞

文といった統語的要因も核アクセントの位置を決める重要な要因である．

次に句末音調について説明する．句末音調はおおまかには下降調と上昇調に分かれるが，上昇や下降の幅や角度などは，文脈や意味や話者の感情，そして句構造などによって異なる．下降調は主に普通の陳述文で用いられる．上昇調は Yes/No 疑問文のみならず，後続の IPh が続くときに，**継続上昇調**（continuation rise）として用いられる場合が多い．例えば，以下の (18) の例では，最初の IPh は時を表す副詞的な機能を持つ従属節であり，それに主節の IPh が後続する．そして，この最初の IPh の句末は継続上昇調（↗）となっている．

(18) (When we came in ↗)_IPh (we had dinner ↘)_IPh

(Ladefoged and Johnson 2011, p120 を参考に)

ピッチアクセントや句末音調の分析・表記の仕方に関しては，1940 年代より様々なものが提唱されてきたが，アメリカや日本の音韻論研究者の間で現在一般的に受け入れられているのは，ピエールフンボルトのイントネーション理論である．この理論ではゴールドスミス（Goldsmith, J.）の**自律分節理論**（autosegmental theory）に基づき，分節音の層および韻律範疇の層とは独立した，**音調の点**（tone）からなる**音調層**（tonal tier）を想定し，旋律は，その音調の点と点を結ぶ**音調曲線**（tonal contour）として捉えられている（Pierrehumbert 1980）．例えば (16c) のように，直前に急な上昇を伴って頂点を形成するピッチアクセントは，低音調の点（L：low）と高音調の点（H：high）の組み合わせからなり，L+H* と表記され（H が主強勢母音と共起するので * 印がついている），(16a) のように頂点はなすが，直前に急な上昇を伴わないピッチアクセントは，単一音調の H* と表記される．しかし本節は，ピッチアクセントや句末音調の性質や分析・表記法についての紹介を目的としたものではないので，その詳細には踏み込まない．分析の仕方や表記に関する詳細については渡辺（1994）などを参照されたい．

b. IPh 形成にかかわる要因

一つの発話内の IPh の数や大きさにはある程度の自由度があり，例えば (19) の発話の場合，次の 4 パターンの IPh 形成が可能であるという（Selkirk 1978）．

(19) The absent-minded professor has been avidly reading the last biography of Marcel Proust.

    a. (The absent-minded professor has been avidly reading the last biography of Marcel Proust)_IPh

b. (The absent-minded professor)$_{\text{IPh}}$ (has been avidly reading the last biography of Marcel Proust)$_{\text{IPh}}$

c. (The absent-minded professor)$_{\text{IPh}}$ (has been avidly reading)$_{\text{IPh}}$ (the last biography of Marcel Proust)$_{\text{IPh}}$

d. (The absent-minded professor)$_{\text{IPh}}$ (has been avidly reading)$_{\text{IPh}}$ (the last biography)$_{\text{IPh}}$ (of Marcel Proust)$_{\text{IPh}}$

(19b-d) のように，発話を何分割かにして，複数の IPh を形成することは必須ではなく，(19a) のように，発話全体で単一の IPh を形成することも可能である．どの IPh への分割パターンが選ばれるかは，文脈，発話速度，そして言語の使用場面など，様々な要因によって左右される．

しかしどんな場合も，複数の IPh への分割がオプショナルであるかというと，そうではない．ある統語条件のもとでは，文脈や発話速度などとは関係なく，複数の IPh への分割が必須となる場合がある．例えば，以下の (20) の例に示すように，**前置副詞句**（preposed adverbial phrase）や**非制限用法関係詞節**（nonrestrictive relative clause），そして**挿入句**（parenthetical phrase）などは，それ自体で義務的に IPh を形成する．

(20) a. 前置副詞句

In Pakistan, Tuesday is a holiday.

(　　　$_{\text{IPh}}$) (　　　　　　　$_{\text{IPh}}$)

b. 非制限用法関係詞節

Tuesday, **which is a weekday,** is a holiday.

(　　$_{\text{IPh}}$) (　　　　　$_{\text{IPh}}$) (　　$_{\text{IPh}}$)

c. 挿入句

Tuesday is, **Jane said,** a holiday.

(　　　$_{\text{IPh}}$) (　　$_{\text{IPh}}$) (　　$_{\text{IPh}}$)

(Selkirk 1978)

このように，IPh 形成も統語構造との関係があることがみてとれる．同時に，(19) でもみてきたように，必ずしも同じ統語構造を持つ文が常に同じ音調句構造を持つとは限らず，そこからも統語構造と韻律構造は関係はしていても，独立した構造であることがわかる．

5.2.4 発話（U）

発話（U）は，韻律範疇の中で最上位のレベルのものであり，一つ以上の IPh

から成り立ち，基本的には一つの完全な文（主節に加え，従属節や挿入文なども含んだ文全体）に相当する韻律範疇である．またアメリカ英語においては**弾音化**（flapping：ɾ への変化）がおこる領域でもあるといわれており（Nespor and Vogel 1986），(21) のような規則があると考えられている．

(21) 英語の弾音化規則
　　PWd もしくは強勢音節の先頭の位置以外の /t/ は，U の領域内で母音に挟まれた環境で弾音 [ɾ] になる．

以下に示すように，弾音化の適用される領域は，IPh よりも大きく，そのことから (21) に示すように，U こそが弾音化の適用領域であると考えられてきた（Nespor and Vogel 1986）．

(22) a. A very dangerous wild cat[ɾ], as you know, escaped from the zoo.
　　　　(　　　　　　　IPh) (　　　　IPh) (　　　　　　IPh)
　　　　(　　　　　　　　　　　　　　　　　　　　　　　　U)
　　b. Pat[ɾ], I'd like you to meet Joe.
　　　　(　IPh) (　　　　　　IPh)
　　　　(　　　　　　U)　　　　　　　　　　　　　(Jensen 1993, p148)

それに対し (23) では，Turn up the heat も I'm Francis も，ともに独自の完全な文を形成しており，よってそれぞれが別個の U に分割されている．そのため，t 音と次の母音との間に U 境界が存在し，弾音化は適用されない．

(23) Turn up the heat. I'm Francis.
　　　(　　　　U) (　　　U)　　　　　　(Nespor and Vogel 1986, p238)

ところが，一見したところ，U に相当すると思われる領域を超えて，弾音化が認められる (24) のようなケースも存在する．「弾音化は U を適用領域とする」という定義を保持するのであれば，(24) では二つの完全な文が，一つの U の中に納まっていると結論づける必要がある．

(24) Turn up the heat[ɾ]. I'm freezing.
　　　(　　　　　　U)　　　　　　　(Nespor and Vogel 1986, p238)

(23) では最初の文と次の文との間に意味的な結びつきはなく，次の文が始まるところで話題が刷新されている．それに対し (24) では，最初の文と次の文との間に意味的なつながりがあり，次の文は最初の文の内容の「理由」を述べている．このように，意味的に結びつきが強い場合に，二つの完全な文が一つの U に結合

することもあると考えると説明がつく (Nespor and Vogel 1986).

ちなみに，U を適用領域としている弾音化は，第 4 章でみてきた語彙規則とは異なり，義務的におこるものではなく，話者や発話速度，そして言語使用の場面などによって生起の有無が左右される．さらにこの弾音 ɾ は，英語の音素体系には存在していない異音である点も忘れてはならない（5.6 節参照）．

5.3 英語の単一音節機能語の強形と弱形の分布

ここまでで，英語の韻律構成素について概観してきたが，本節では，英語の**内容語**（content word）と**機能語**（function word）の音韻的振る舞いの違いを，韻律範疇の構成素構造の違いという観点から捉えていく．

5.3.1 統語構造との関連

英語の機能語（前置詞，冠詞，接続詞，関係代名詞，助動詞，代名詞など）は，単一音節のものが多数を占めている．単一音節の機能語は，表 1 に示すように，環境によって強形で発音されるか弱形で発音されるかが決まる．まずそれ単体で発音された場合，そして文末にある場合に強形（完全母音を伴う形）となる．それに対して文中においては弱形となり，音節核の母音はあいまい母音 ə になったり，もしくは**音節主音的子音**（syllabic consonant）が音節核（音節主音）となったり，さらに場合によっては，音節核となるべき母音までもが削除されてしまったり（表 1 の文中の am と is を参照），頭子音や尾子音が脱落したりする（表 1 の文中の will と of を参照）．

ただし (25) に示すように，文中であっても強形として具現化される場合もある．

(25) a. Ready I **am** [æm] to help you.
  b. I left the meeting she stayed **at** [æt] till then. (Selkirk 1972)

この (25) の例の場合，(26) に示すように機能語の後ろに音のない統語要素，すなわち**空範疇**（empty category）が存在しているという点で，表 1 の文中（弱形）の場合と異なっている．また表 1 の文末（強形）の場合も，(26) の場合と同じく，どれも直後に空範疇があることがわかる（川越 2005 ほか）．

(26) a. Ready$_i$ I am __$_i$ to help you.
  b. I left the meeting$_i$ she stayed at __$_i$ till then.

5.3 英語の単一音節機能語の強形と弱形の分布

表1 英語の機能語の強形と弱形

	単体		文末	文中
a.	am	[æm]	Indeed I **am** [æm].	I **am** [əm/m̩] leaving today.
b.	is	[ɪz]	I think she **is** [ɪz].	The grass **is** [əz/z] wet.
c.	do	[duː]	You earn more than I **do** [duː].	What **do** [də] they know?
d.	will	[wɪl]	No more than you **will** [wɪl].	That **will** [wəl/wl̩/əl/l̩] do.
e.	can	[kæn]	But you **can** [kæn].	George **can** [kən/kn̩] go.
f.	at	[æt]	Who're you looking **at** [æt]?	Look **at** [ət] that.
g.	for	[fɔr]	What did you do it **for** [fɔr]?	They did it **for** [fər/fr̩] fun.
h.	to	[tuː]	The one we are talking **to** [tuː].	They're going **to** [tə] Spain.
i.	of	[ɑːv]	What are you thinking **of** [ɑːv]?	a lof **of** [əv/ə] apples

そして，ここまでで観察してきた機能語の強形と弱形の分布を，(27)のようにまとめることができる．

(27) 機能語の強形と弱形の分布

　　単一音節からなる機能語が強形になるのは，それ単体で発音された場合か，もしくは直後に空範疇がある場合であり，それ以外の環境では弱形になる．

5.3.2 後接語としての単一音節機能語

ではなぜ，直後に空範疇がある場合には単一音節の機能語は強形になるのか．まず，単一音節機能語は，基本的には後ろの語に依存して，それとあたかも音韻的に1語のようなまとまりをなす語，すなわち**後接語**（proclitic）として振る舞うという点を抑えておく必要がある．すでに5.2節でも触れたように，内容語はそれだけで独立したPWdを形成する．またPWdは必ず韻脚（Ft）を1個以上支配し，最も卓立度の高い韻脚の強音節に第1強勢が置かれる．しかし機能語は，特別な場合以外にはPWdを単独で形成することはなく，よって無強勢形となる．

セルカークは，(28a)のような前置詞を伴う統語構成素の前置詞句（prepositional phrase：PP）[to Spain]ₚₚに対し，以下の(28b)のような韻律構造を提案している（Selkirk 1995）．(28b)では，前節語であるtoは音節を形成こそはするが，それ自体でPWdにはならずに，音節（σ）のまま，右隣の内容語のPWdに付加している．

(28) to Spain
　　a. 統語表示　　　　　　b. 韻律表示

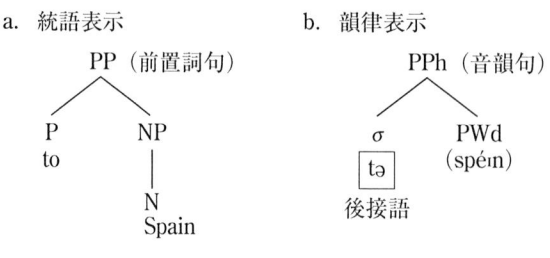

```
        PP（前置詞句）              PPh（音韻句）
       /    \                      /      \
      P     NP                    σ       PWd
      to     |                    [tə]    (spéɪn)
             N                    後接語
             Spain
```

　ところが (26) のように，直後の内容語が空範疇となると，本来なら後接語として振る舞うべき機能語は，付加先を失ってしまう．付加先のない後接語は，もはや合法的な音韻表示ではないため，(29b) に示すように，その機能語自体が PWd に格上げされ，そこで主強勢を受けると考えることができる．このように仮定することで，空範疇が直後にある機能語が，なぜ強形となるかの説明がつく（ちなみに (26a, b) の場合，空範疇の後ろに語が続くが，これらの語と空範疇の直前の機能語との間には大きな統語境界が存在し，機能語はその統語境界を越えて，それらの語に後接語として付加することはできない）．

(29) a. 統語表示　　　　　　b. 韻律表示

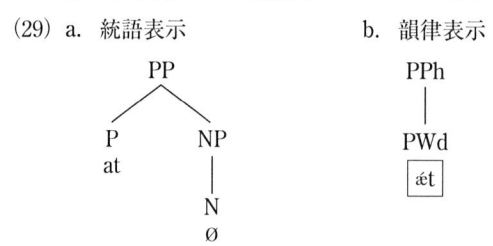

```
        PP                          PPh
       /  \                          |
      P    NP                       PWd
      at    |                       [ǽt]
            N
            ∅
```

　ところで，一見したところ (27) の原則が当てはまらないようなケースがあるので注意が必要である．以下の (30) のような場合である．これらの例では，前置詞が文中に現れ，かつ直後に空範疇がないにもかかわらず強形で現れる．

(30) a. Lou tried **on** [ɔn] the vest.
　　 b. The job brings **in** [ɪn] money.　　　　　　　　　　(Selkirk 1972)

これらの例に出てくる前置詞は，直前の動詞とともに**句動詞**（phrasal verb）を形成しており，この節で取り上げてきた機能語の場合とは異なる．(39) の句動詞の on と in は内容語の副詞と同等に用いられており（川越 2005），他動詞である try と bring の動作を修飾する役割を果たしている．また副詞的用法であるがゆえに，上記の (28) の機能語の強形と弱形の原則には従わないのである．この句動詞のケ

ースでは，(31) に示すように，目的語が比較的短い場合に，その目的語と副詞的役割の前置詞の位置を交代させることも可能である．

(31) a. Lou tried the vest **on** [ɔn].
b. The job brings money **in** [ɪn]. (Selkirk 1972)

5.4 日本語の韻律構造

ここまで，英語の韻律構造についてみてきたが，日本語の韻律構造も概観しよう．本節で考察されるのは，日本語の標準語とされている東京方言の韻律構造と，それにまつわる音韻現象である．

5.4.1 音韻語（PWd）

日本語の PWd は，内容語とそれに後続する助詞を含む領域と考えてよいだろう．日本語の PWd を領域とする音韻現象には，鼻濁音化がある．規範的な日本語の発音を重視するアナウンサーや一部の老年層の発音では，(33) に示すように，語中の g 音が弱化し ŋ 音（鼻濁音）となるが，(32) のように g 音が PWd の左端にある場合は，鼻濁音化はおこらない．

(32) ([g]eta)_PWd 「下駄」 ([g]aikoku)_PWd 「外国」
(33) (ka[ŋ]e)_PWd 「影」 (koku[ŋ]ai)_PWd 「国外」

上記の例から，(34) の一般化が成り立つ．

(34) 日本語の鼻濁音化規則
軟口蓋有声阻害音 /g/ は，PWd の領域内で二つの音（主に母音）に挟まれた環境で鼻音化し，[ŋ] となる．

この鼻濁音化規則は，発話速度や言語使用の場面によっては，適用の有無や程度に差が出るので（Ito and Mester 2003），語の内部を適用領域としてはいても，程度差や個人差のない語彙規則（第 4 章）とは異なるので注意されたい．

5.4.2 音韻句（PPh）

日本語の PPh は，さらに二つのレベルに分かれ，上のレベルのものを**大音韻句**（major phonological phrase：MaP）と呼び，下のレベルのものを**小音韻句**（minor phonological phrase：MiP）と呼ぶ（Selkirk and Tateishi 1988, 1991, Kubozono 1993）．

小音韻句は**アクセント句**（accentual phrase）とも呼ばれている（Pierrehumbert and Beckman 1986）．

a. 大音韻句（MaP）

日本語の MaP は，**ダウンステップ**（downstep）もしくは**カタセシス**（catathesis）がおこる領域であり，かつその左側境界は，統語の最大投射範疇 XP の左側境界に対応すると考えられている（Selkirk and Tateishi 1991）．

日本語の標準語には，アクセント語と無アクセント語の区別があることは，すでに第3章で紹介したが，アクセント語に続く語のピッチは，無アクセント語に続く語のそれよりも低くなることが知られている．これがダウンステップもしくはカタセシスと呼ばれるものである．しかしこのダウンステップは無制限に続くのではなく，大きな統語範疇（最大投射範疇 XP）の左側境界で解消され，新たに高い音域にピッチがリセットされる．

次の (35) の例でこれを考察してみよう．(35) の文には二つの解釈があり，それぞれ異なる統語構造を持っている．(35a) の構造では「青山にある子供たちの劇場」をさすが，(35b) の構造では「青山に住んでいる子供たちのための劇場」をさす．(35a) の場合，アクセント語である N1 に続く N2 の左端に最大投射範疇の境界があり，そこに MaP の左側境界も現れている．よって，N2 のピッチは高い音域にリセットされ，ダウンステップを免れる．それに対し (35b) の場合は，N1 が N2 を修飾する構造となっており，N2 の左端に最大投射範疇の境界は存在せず，よって MaP 境界もそこに現れず，N2 においてダウンステップがおこっている（「⏋」は直前のモーラにアクセントがあることを表す）．

(35) 青⏋山の子供⏋たちの劇場

　　　　　　　　N1　　　　　　　N2　　　　　　N3
　a. [NP　　あお⏋やまの] [NP [NP こども⏋たちの] げきじょう]
　　（MaP　　　　　　　 ）（MaP　　　　　　　　　　　　　　 ）

　　　　　　　　N1　　　　　　　N2　　　　　　N3
　b. [NP [NP [NP あお⏋やまの]　こども⏋たちの] げきじょう]
　　（MaP　　　　　　　　　　　ダウンステップ　　　　　　　 ）
　　　　　　　　　　　　　　　　　⇩

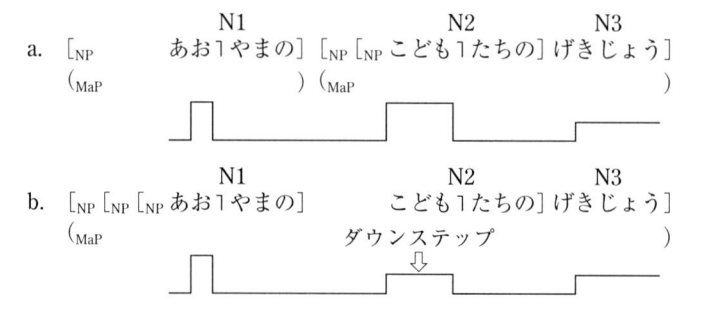

最大投射範疇（XP）の左端がPPhの左側境界に対応するのは，右端を重要視する英語とは異なり，日本語では（10′a）の左端揃え制約の重要度が高いためと考えられる（再度（10）の端揃え制約をMaPにあわせて修正したものを（10′）として以下に示す）．

(10′) XP-MaP 端揃え制約
  a. XPの左端はMaPの左端と一致しなければならない．　（←日本語）
  b. XPの右端はMaPの右端と一致しなければならない．

b. 小音韻句（MiP）

3.2節でも触れたが，日本語の標準語では，語頭のモーラのピッチが低くなることがあり，これは**第1モーラ低ピッチ化**（initial lowering）と呼ばれている．実はこの第1モーラ低ピッチ化は，「語」に備わった特徴ではなく，MiPの左側境界でおこる現象である（Pierrehumbert and Beckman 1986, Selkirk and Tateishi 1988, Kubozono 1993）．その証拠として，全く同じ語の配列であっても，発話速度，そして文脈の情報構造などによっては，この第1モーラ低ピッチ化がおこらない場合がある．この場合，その語の左端にMiP境界が存在していない．例えば（36a）と（36b）では，ともに無アクセント語の「甘い（あまい）」とアクセント語の「豆ꜜ（まめꜜ）」の配列であるが，（36b）の場合は第1モーラ低ピッチ化がおこっており，（36a）はそれがおこっていない．

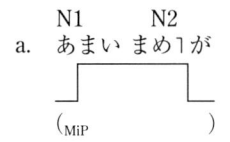

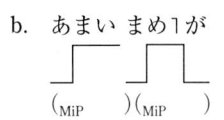

(36) 甘い豆
     N1 N2
  a. あまい まめꜜが
      （MiP   ）

  b. あまい まめꜜが
      （MiP ）（MiP ）

東京方言の母語話者が，（36）のフレーズを特に特別な文脈を与えられずに，普通の速度で発話すると，（36a）のように一つのMiPにまとまる場合が多い．それに対し，「豆」が焦点（フォーカス）となっている場合や，丁寧に遅い速度で発話する場合には，（36b）のように二つのMiPに分割される．

このようにMiPの形成には，様々な要因がかかわってくるが，アクセントの有

無や語の長さ（もしくは語の内部の枝分かれ構造）といった要因も，重要な役割を果たす．例えば，N2 を「卯の花鮨（うのはな↓ずし）」(5モーラに及ぶ長い語で，かつ複合語であるために内部に枝分かれ構造を持つ) に変えると，特に焦点として解釈されていなくても，また普通の発話速度であっても，(37) に示すように N2 の第1モーラが低ピッチ化する確率，すなわち N2 の左端に MiP 境界が現れる確率が上昇する．

(37) 甘い卯の花↓鮨
　　　N1　　N2
　　　あまい　うのはな↓ずしが　（普通の発話速度）
　　　⌐＿⌐＿＿＿＿＿＿＿＿
　　　(MiP)(MiP   )

また，(36) の N1 を無アクセント語の「甘い（あまい）」から，アクセント語の「黒い（くろ↓い）」に変えると，(38) に示すように N2 の「豆↓（まめ↓）」の第1モーラが低ピッチ化して，第2モーラの方が高くなる傾向にある．これは東京方言話者の韻律文法に，「一つの MiP は，一つまでしかアクセントを持つことができない」という韻律制約が存在しているからと考えられる．

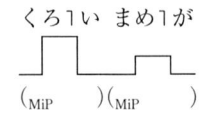

(38) 黒↓い豆
　　　くろ↓い　まめ↓が
　　　⌐＿＿⌐＿＿
　　　(MiP)(MiP)

5.4.3　音調句（IPh）

日本語のイントネーションにおいても，英語の場合と同じように，句末音調が現れる．例えば，以下の (39) の例では，先行する従属節の末尾の終助詞「さあ」は下降調で，そして後続する主節の末尾の終助詞「でしょ」は上昇調で表される．この句末音調で区切られているものを，日本語の場合も英語と同じように IPh と考えてよいだろう．

(39) 洗濯物取り入れたらさあ↘，ちゃんと畳んでくれないと困るでしょ↗．
　　　(IPh　　　　　　　　　　) (IPh　　　　　　　　　　　　　　　　)

書き言葉上では，読点（もしくはカンマ）の位置と，IPh の境界とが一致する場合が多く，上記の (39) のように複文の従属節は独自の IPh を形成する．しかし，

句末音調は必ずしも統語の文や節の末尾に現れるとは限らず，それよりも小さな名詞句や後置詞句といった構成素の末尾にも現れることができる．特に子供の発話などでは，小さな構成素だけで IPh を形成する場合が多く見受けられる．例えば，以下の (40) の例では主語の名詞句（NP）と後置詞句（postpositional phrase：PP）が独自の IPh を形成している．

(40) ［私ね］$_{NP}$↗，［お友達とね］$_{PP}$↗， 盆踊りに行ったの．
　　（$_{IPh}$　　）（$_{IPh}$　　　）（$_{IPh}$　　　　　　　）

5.5　英語と日本語の比較

　日本語の東京方言の音韻句は，MaP と MiP とに分かれ，MaP の形成は英語の PPh の形成と同じように，統語の最大投射範疇（XP）の境界の有無によって決まる．それに対して，MiP の形成には，XP の境界の有無というよりは，それが支配する語の長さや内部構造，アクセントの有無や発話速度といった要因によって左右される．

　また英語との比較で異なるのは，日本語の内容語のアクセントの有無や形は，語彙部門で決められているため，韻律句構造とは関係なく，安定的であるという点であろう．英語の場合，ピッチアクセントの有無や形状は，5.2.3 項でもみてきたように，IPh が形成されてから後語彙的に決定するため，その時々の句構造や文脈によって変動が激しい．よって，日本語の旋律はより安定的であり，同じ語の配列があった場合のイントネーションの変動の大部分は，ダウンステップの有無と，句末境界に現れる音調の形，そして MiP の頭で起こる第 1 モーラ低ピッチ化の有無に限定されるといっても過言ではない．

5.6　後語彙規則と語彙規則との比較

　最後に，本章の考察の対象となってきた後語彙規則の特徴を，第 3 章でみてきた語彙規則の特徴と比較してみよう．

　まず，語彙規則は語彙部門で適用されるので，その適用領域は語の内部に限られる．それに対し，後語彙規則は，語彙を語彙部門から取り出して，句や文を形成した後に適用され，語境界を越えての適用が可能である．しかし，必ずしも全

表2 後語彙規則と語彙規則の比較

	後語彙規則	語彙規則
語境界を越えての適用	あり	なし
構造保持の原則	なし	あり
形態素の種類の限定	なし	あり
発話速度や使用場面の影響	あり	なし
例外	なし	あり

ての後語彙規則が語境界を越えて適用されるとは限らず，日本語の鼻濁音化のように，語レベルの PWd の構成素を適用領域とする後語彙規則も存在する．

また，語彙規則適用には**構造保持**（structure preservation）の原則が働くので，適用の結果生み出される分節音は，基本的にその言語の音素体系に存在する音のみであった（4.1.4項参照）．それに対し，後語彙的規則には，もはや構造保持の原則は当てはまらない．後語彙的な韻律範疇の形成とかかわる，英語の無声阻害音の帯気音化（5.2.1項）や弾音化（5.2.4項），日本語の鼻濁音化（5.4.1項）といった音韻規則は，どれも英語や日本語の音素体系に存在しない異音を作り出している．

次に，これらの後語彙規則は，適用される語の種類を選ばない（ただし日本語の鼻濁音化は，本来語の方がごく最近に導入された外来語よりも，おこる確率が高くなるとはいわれているが，それは文法として明文化されているわけではない）．それに対し，語彙規則は語彙の種類を選ぶことを第4章でみてきた．

さらに，これらの後語彙規則による音韻変化には不安定な側面があり，発話速度や言語使用の状況，個人差（年齢差や方言差）によって，変化の有無や度合いにゆれがみられる．そして後語彙規則が適用される対象は，「規則が適用される大多数の場合」と「適用されない例外」というような二分化はなされてはおらず，基本的に規則適用の条件さえととのえば，どこでも適用が可能となる．それに対し，語彙規則には音変化の度合いや有無にゆれはなく，ある語彙規則が適用されると定められた対象には，常にその規則が義務的に適用され，適用されないと定められている例外には，決して適用されることはない．この違いを表2にまとめる．

このように後語彙規則は語彙規則と比べると，不安定で不明確な側面を持ちこ

そはするが，それでも本章で概観してきたように，文法的条件，すなわち統語そして韻律構造などの条件に左右されるため，音韻論での形式化の対象であることにはかわりない．

より深く勉強したい人のために
1. 英語に関して
- Nespor, Marina and Irene Vogel (1986) *Prosodic Phonology*, Dordrecht: Foris (reprinted as *Prosodic Phonology with a New Forward*, Berlin: Walter de Gruyter, 2007).

  Hayes, Bruce (1989) "The Prosodic Hierarchy in Meter," in Paul Kiparsky and Gilbert Youmans (eds.) *Phonetics and Phonology 1*, San Diego: Academic Press, 201-260.

  韻律範疇とそれにまつわる理論と音韻現象，そして他の文法的要素（統語や意味）との関係性を考察している．

- Shattuck-Hufnagel, Stefanie and Alice Turk (1996) "A Prosody Tutorial for Investigations of Sentence Auditory Processing," *Journal of Psycholinguistic Research* 25: 193-247.

  聴覚に基づく文理解などの研究をしている心理言語学研究者に向けて書かれたもので，1990年代半ばまでになされてきた韻律範疇とそれにまつわる提案を全体的に網羅している．学部の上級者や大学院生向けの教本としても使用できる．

2. 日本語に関して
- Kubozono, Haruo (1993) *The Organization of Japanese Prosody*, Tokyo: Kuroshio.

  複合語やアクセント，音韻句，ダウンステップなどの音韻的・音声的側面について，発話実験に基づいて論じている．

- Pierrehumbert, Janet B. and Mary E. Beckman (1986) *Japanese Tone Structure*, Cambridge, MA: MIT Press.

  日本語の音調の理論的・音声学的側面を，自律分節音韻論に基づき，さらに韻律範疇との兼ね合いで論じている．

演習問題
1. 以下の例文で下線の引いてある単一音節機能語のうち，強形で発音されるのはどれか示しなさい．

    (i) He'd like to be what you are now.

    (ii) I do not like what you are eating.

    (iii) Some had left at noon and others had at midnight.

(iv) They <u>would</u> take more from Suzan than they <u>would</u> from him.
(v) It's the woman we look <u>to</u> <u>for</u> help.

2. 本文では単一音節機能語が後接語である場合を取り上げたが，無強勢であいまい母音を伴った単一音節機能語は，必ずしも内容語の直前に出てくる後接語である場合ばかりとは限らず，代名詞などは文末や句末に生じることもできる．このような場合，韻律構造はどうなっているのか．以下の設問に答えることで，それを考えなさい．

(ア) 以下の (i)～(iii) の r 音挿入の例は，アメリカのマサチューセッツ東部方言の母語話者が許容するものである．ここでは二人称代名詞の you はどれも句末にあるのだが，無強勢のあいまい母音を伴って [jə] と発音されており，その直後に r 音挿入がおこっている．このことから，句末に生じる無強勢の単一音節代名詞の韻律構造について，どのようなことがわかるか答えなさい．

(i) I see you[jə]-r, and ask about it.
(ii) If I see you[jə]-r, I'll ignore you.
(iii) I'll see you[jə]-r if I get done on time. (Selkirk 1996)

(イ) 以下の (a) もしくは (b) の PWd 構造は，上の (ア) の設問での解答と整合性があるか考えなさい ((b) の構造は，(b′) の樹形図に示すように入れ子式になっており，PWd に you[jə] が付加されることで，さらに大きな PW を形成している).

(a) (see you[jə])$_{PWd}$
(b) ((see)$_{PWd}$ you[jə])$_{PWd}$
(b′)   PWd
       /   \
     PWd   \
      see   you[jə]

(ウ) もし上記の (イ) の (a) もしくは (b) の PWd 構造を想定することで，(i)～(iii) の r 音挿入を捉えることができるのであれば，(a) と (b) のどちらの構造が適切か考えなさい．(a) と (b) の二つの構造から，適切なものを選択する際の決め手となる証拠は，以下の (iv)～(vi) の例のうちのどれか示しなさい．

(iv) tell you[jə]
(v) saw-r you[jə]
(vi) saw-r Amanda

3. 次の下線部の単語で，リズム規則による強勢移動（弱強反転）がおこるものはどれか答えなさい．

(i) He gave me [<u>Japanese</u> dolls]$_{NP}$
(ii) He gave [the <u>Japanese</u>]$_{NP}$ [dolls]$_{NP}$

(iii) Rabbits [reproduce [very quickly]$_{AdvP}$]$_{VP}$
(iv) Rabbits [reproduce [quickly]$_{AdvP}$]$_{VP}$

文献

川越いつえ (2005)『英語の音声を科学する』大修館書店.
渡辺和幸 (1994)『英語イントネーション理論』研究社.
Chomsky, Noam and Morris Halle (1968) *The Sound Pattern of English*, New York: Harper and Row.
Goldsmith, John (1976) *Autosegmental Phonology*, Doctoral dissertation, MIT.
Grabe, Esther and Paul Warren (1995) "Stress Shift: Do Speakers Do It or Do Listeners Hear It?" In Bruce Connell and Amalia Arvaniti (eds.) *Phonology and Phonetic Evidence: Papers in Laboratory Phonology IV*, Cambridge: Cambridge University Press, 95-110.
Gussenhoven, Carlos (1983) "Testing the Reality of Focus Domains," *Language and Speech* **26**: 61-80.
Hayes, Bruce (1989) "The Prosodic Hierarchy in Meter," in Paul Kiparsky and Gilbert Youmans (eds.) *Phonetics and Phonology 1*, San Diego: Academic Press, 201-260.
Ito, Junko and Armin Mester (2003) "Lexical and Postlexical Phonology in Optimality Theory: Evidence from Japanese," in Gisbert Fanselow and Caroline Féry (eds.) *Linguistische Berichte. Sonderheft 11: Resolving Conflicts in Grammars,* Hamburg: Helmut, 183-207.
Jensen, John T. (1993) *English Phonology*, Amsterdam: John Benjamins.
Kubozono, Haruo (1993) *The Organization of Japanese Prosody*, Tokyo: Kuroshio.
Ladefoged, Peter and Keith Johnson (2011) *A Course in Phonetics*, 6th edition, Cengage Learning.
Nespor, Marina and Irene Vogel (1986) *Prosodic Phonology*, Dordrecht: Foris [reprinted as *Prosodic Phonology with a New Forward*, Berlin: Walter de Gruyter, 2007].
Pierrehumbert, Janet B. (1980) *The Phonology and Phonetics of English Intonation,* Doctoral dissertation, MIT.
Pierrehumbert, Janet B. and Mary E. Beckman (1986) *Japanese Tone Structure*, Cambridge, MA: MIT Press.
Selkirk, Elisabeth O. (1972) *The Phrasal Phonology of English and French*, Doctoral dissertation, MIT.
Selkirk, Elisabeth O. (1978) "On Prosodic Structure and Its Relation to Syntactic Structure," in Thorstein Fretheim (ed.) *Nordic Prosody II*, Trondheim: Tapir, 111-140.
Selkirk, Elisabeth O. (1986) "On Derived Domains in Sentence Phonology," *Phonology Yearbook* **3**: 371-405.
Selkirk, Elisabeth O. (1995) "Sentence Prosody: Intonation, Stress and Phrasing," in John A. Goldsmith (ed.) *Handbook of Phonological Theory*, London: Blackwell, 550-569.
Selkirk, Elisabeth O. (1996) "The Prosodic Structure of Function Words," in James L. Morgan and

Katherine Demuth (eds.) *Signal to Syntax*, Mahwah, NJ: Laurence Erlbaum Associates, 187-214.

Sekirk, Elisabeth O. (2000) "The Interaction of Constraints on Prosodic Phrasing," in Merle Horne (ed.) *Prosody: Theory and Experiment*, Dordrecht: Kluwer.

Selkirk, Elisabeth O. and Koichi Tateishi (1988) "Minor Phrase Formation in Japanese," *Proceedings of the Chicago Linguistic Society* **24**: 316-336.

Selkirk, Elisabeth O. and Koichi Tateishi (1991) "Syntax and Downstep in Japanese," in Carol P. Georgopoulos and Roberta L. Ishihara (eds.) *Interdisciplinary Approaches to Language: Essays in Honor of S.-Y. Kuroda*, Dordrecht: Kluwer, 519-544.

Shattuck-Hufnagel, Stefanie and Alice Turk (1996) "A Prosody Tutorial for Investigations of Sentence Auditory Processing," *Journal of Psycholinguistic Research* **25**: 193-247.

Vogel, Irene, H. Timothy Bunnell and Steven Hoskins (1995) "The Phonology and Phonetics of Rhythm Rule," in Bruce Connell and Amalia Arvaniti (eds.) *Phonology and Phonetic Evidence: Papers in Laboratory Phonology IV*, Cambridge: Cambridge University Press, 111-127.

第6章 最適性理論

菅原真理子

　ここまで，英語と日本語の様々な音韻現象を考察してきたが，音韻論を含む言語学理論の最終目標は，人間言語の普遍性を捉えていくことである．しかしながら，個別の音韻操作をいくら規則化し記述してみても，そこから言語の普遍性がみえてくるとは限らない．というのも個別の規則には，それを適用できる言語とできない言語とが存在する．これらの言語は単に「違う」といってしまえばそれまでで，普遍性への探求はそこで閉ざされてしまう．また一見したところ全く無関係の複数の規則が，実は同じ制約（表層表示の望ましいあり方に関しての制約）を満たすために適用されているという場合もある．

　本章で扱う最適性理論では，規則よりもむしろその「表層表示の望ましい在り方」にかかわる制約に注目し，全ての言語には共通の音韻制約の集合が存在すると提唱する．またどの制約も違反可能であり，言語間の音韻パターンの相違は，これらの制約の重要度ランクづけの違いに依拠するという仮説のもと，多くの言語の相違と共通性をシンプルな形で捉えられるようになった．よって言語類型論という観点から，最適性理論は音韻論研究に一石を投じた．

6.1　最適性理論が提唱されるに至った背景

　生成文法の音韻部門の**生成音韻論**（Generative Phonology）は，MITのチョムスキー（Chomsky, N.）とハレ（Halle, M.）による古典理論（彼らの1968年の著作 *The Sound Pattern of English* の頭文字をとってSPE理論と呼ばれている）の確立から始まった．このSPE理論の中核をなすのは，あらゆる音韻現象は，基底表示の音素配列に**書き換え規則**（rewriting rules）を適用することで，表層表示が生成されるという考え方である．規則とその適用は，SPE理論の後に台頭した音韻理論（第4章でも触れた語彙音韻論など）でも，研究の中心であった．しかし規則は，「ある音韻環境で基底の音素表示を表層表示へどのように変形させるのか」という個別の変形操作には言及できても，「表層表示はどうあるべきか」という表

層の適格性に関する制約に言及しながら，別々の規則を統合して捉えられるものではなかった．

例えば，英語やフランス語から他の言語への借用における音韻規則を考えてみよう．英語やフランス語では，音節の頭子音の位置に複数の子音がおこることができる．頭子音の位置に子音結合のあるこれらの言語の単語が，日本語やアラビア語，そしてベトナム語などに借用されると，それぞれの言語で異なる規則が適用される．日本語ではC1とC2の間に，アラビア語のイラク方言ではC1の直前に母音が挿入され，ベトナム語ではC2が削除される．これを以下に示す（以下の規則の例では，「∅」はゼロを，〈 〉内は挿入母音を，「.」は音節境界を意味する．またA→B/C__Dは，「AはCとDの間でBとなる」と読む）．

(1) a. 英語　　　　　　　日本語
　　　 free /fri:/　　⇨　ɸ⟨u⟩.ri:　　　∅→V/C1__C2V（母音挿入規則1）
　　b. 英語　　　　　　　アラビア語イラク方言
　　　 floor /flɔr/　⇨　⟨i⟩f.lo:r　　　∅→V/__C1C2V（母音挿入規則2）
　　　　　　　　　　　　　　　　　　　　　　　　　　　　　　　(Broselow 1980)
　　c. フランス語　　　　ベトナム語
　　　 crème /krɛm/　⇨　kem　　　　　C2→∅/C1__V（子音削除規則）
　　　　　　　　　　　　　　　　　　　　　　　　　　　　　　　(Kang 2011)

上記の(1a-c)の個々の規則は，それぞれ別物ではあるが，どれも共通の目標を実現するために適用されている．すなわち，音節の頭子音の子音結合を回避するため，もしくは頭子音の子音結合を禁止するという制約を満たすためである．このように同じ目標達成のために適用されている個々の規則は，**共謀**（conspiracy）の関係にあるという（Kisseberth 1970）．共謀関係にある複数の規則は，一つの言語内にも存在する．例えば，日本語の母音融合規則と，わたり音挿入規則である（窪薗2005，田中2009）．これら二つの規則は，どちらも母音連続を禁止するという制約を満たすために適用されている．

(2) a. V1+V2→V3　　（母音融合規則）
　　　 katai（固い）　→　kate:
　　b. ∅→j/V1__V2　（わたり音挿入規則）
　　　 piano（ピアノ）　→　pijano

このような共謀関係にある規則が多くある以上，表層表示のあるべき姿を規定す

る「制約」に注目した方が，言語間および言語内の音韻現象をより統一的に捉えることができるということがわかってきた．

また規則を用いる理論である以上，どうしても乗り越えられない壁がある．それは子供の言語獲得である．言語獲得過程の幼児の発話における音韻現象には，大人のそれよりも多くの規則が適用されている（McCarthy 2002, 窪薗 2005）．例えば，英語を母語とする幼児が二つの子音連続で始まる単語を発音する場合，どちらか一方の子音を削除してしまうことが多いのだが，その子音連続が「s＋阻害音」の場合はsを削除し，「s＋鳴音」の場合は鳴音を削除するなど，大人の文法にはない一見複雑な一般化に従う場合が報告されている（Gnadesikan 2004）．

(3) a. s＋阻害音
　　　spoon　→　［bun］
　　　star　→　［daː］
　　b. s＋鳴音
　　　sleep　→　［sip］
　　　snow　→　［so］　　　　　　　　　　　　　　　　(Gnadesikan 2004)

ここにパラドックスが生じる．もともと規則というのは，言語習得の過程で順次獲得され増えていくものである．にもかかわらず，子供の方が大人よりも多くの規則を備えているというのはいったいどういうことなのか．このパラドックスは，規則の適用を前提とする限り，常についてまわる．

これに対し，規則を廃し，表層表示にかかる制約だけを文法における形式化の対象とする試みが，**最適性理論**（Optimality Theory）である（Prince and Smolensky 1993）．この理論の真髄をなす考え方の一つは，全ての制約はどの言語にも普遍的に存在し，言語間の文法の違いを生み出すのは，それらの制約のランクづけの違いであるという点である．

6.2　音韻制約と有標性

では，最適性理論における制約とはどのようなものなのだろうか．制約について考えるに当たり，まず**有標性**（markedness）という概念を導入する必要がある．言語の音韻は，より一般的で自然な**無標**（unmarked）な形式を持つものと，より特殊な**有標**（marked）な形式を持つものとに分けられる．有標と無標の判断には，

表 1 有標と無標の指標

有標	無標
不自然,複雑,特異,予測不能	自然,単純,一般的,予測可能
少数の文法体系でしか許容されない	多くの文法体系で許容される
獲得時期が遅い	獲得時期が早い
言語障害で早期に失われる	言語障害でも失われにくい
無標なものの存在を示唆する	有標なものによって存在を示唆される
調音が難しい	調音が容易
知覚的により目立つ	知覚的に目立たない

Rice (2007) p80 より.

表1に示されるような指標が一般的に用いられてきた（Rice 2007 を参照．ただし，**言語知識**（competence）として備わっている有標性の指標は，表1に挙げたような分布や頻度や機能に基づく非音韻的指標ではなく，中和の対象になるのか結果になるのか，挿入要素になりがたいのかなりやすいのか，同化の原因となるのか対象となるのかなど，純粋な音韻的指標であるべきとの主張もある．詳しくは de Lacy 2006 を参照）．

ではここで，表1の指標が，音節型の有標性の判断にどのようにかかわってくるのか，表2に示す11言語の音節型の分布（Blevins 1995）から考察してみよう．

この表でみる限り，頭子音を持たない音節は有標であることがわかる（2.3.6 項参照）．というのも11言語の全てが頭子音を持つ音節を許容するのに対し，頭子音を持たない V や VC などは，必ずしも全ての言語で許容されていないからである．すなわち V の存在は CV の存在を示唆するが，CV の存在は V の存在を示唆しない．この V と CV の関係を**含意的普遍性**（implicational universal）という．表1の有標性の指標でも取り上げたように，この関係性が成り立つときに，V の方が CV より有標だということになる．また，この含意的普遍性の関係は，頭子音の位置に子音が二つ存在する CCV と，単一頭子音しか持たない CV との間にも成立する．CCV を持つ5言語はどれも，単一頭子音の CV を許容するが，CV が許容されるからといって CCV も許容されるわけではないので，CCV の方が CV より有標となる．同じように閉音節である CVC を許容する言語は，開音節である CV を許容するが，その逆は真ではない．よって CVC の方が CV より有標となる（2.5節参照）．これをまとめると以下のようになる（$\alpha > \beta$ のとき，α の方が有標性が高い）．

表2 音節型の分布

	V	CV	CVC	VC	CCV	CCVC	CVCC	VCC	CCVCC
フア語	no	**yes**	no	no	no	no	no	no	no
カユヴァナ語	yes	**yes**	no	no	no	no	no	no	no
カイレネ語	no	**yes**	yes	no	no	no	no	no	no
マザテコ語	yes	**yes**	no	no	yes	no	no	no	no
モキレセ語	yes	**yes**	yes	yes	no	no	no	no	no
セダング語	no	**yes**	yes	no	yes	yes	no	no	no
クラマス語	no	**yes**	yes	no	no	no	yes	no	no
スペイン語	yes	**yes**	yes	yes	yes	yes	no	no	no
フィンランド語	yes	**yes**	yes	yes	no	no	yes	yes	no
トトナク語	no	**yes**	yes	no	yes	yes	no	no	yes
英語	yes	**yes**	yes	yes	yes	yes	yes	yes	yes

Blevins (1995) p217 より.

(4) a. V＞CV　　（頭子音を持たない音節の方が，頭子音を持つ音節より有標）
　　b. CCV＞CV　（頭子音の子音結合は，単一子音からなる頭子音より有標）
　　c. CVC＞CV　（閉音節は開音節より有標）

最適性理論では，人間言語の音韻制約には，このような有標な形式が表層の音韻表示に出現することを禁止する制約，すなわち**有標性制約**（markedness constraint）が存在しており，それらが大きな役割を果たしていると考える．

(5) 有標性制約：出力表示に有標なものがあってはならない．

そして表2で観察した音節の有標性に従えば，以下の三つの有標性制約があることになる．

(6) a. ONSET：頭子音を欠く音節の禁止
　　b. NOCOMPLEXONSET：頭子音の子音結合の禁止
　　c. NOCODA：尾子音の禁止

例えば，6.1 節の (1) で取り上げた日本語やアラビア語イラク方言，そしてベトナム語などでは，有標な頭子音の子音結合を禁じる (6b) の NOCOMPLEXONSET が強く働いているため，外国語からの借用語の語頭の子音と子音の間に母音を挿入したり子音を削除したりするのである．

しかし，言語によっては英語などのように，頭子音の子音結合を許容するもの

もあるわけで，もしも全ての言語でこのような有標性制約が同じように強く働いてしまっていては，言語間のバリエーションを捉えられなくなってしまう．最適性理論では，これは有標性制約と拮抗する要求をする制約，すなわち有標な形式をも許容するように要求する制約が存在しており，言語間の音韻文法の違いは，有標性制約とそれと相反する制約との「ランクづけ」の違いに起因すると考える．有標性制約の方が高くランクされている言語では，有標な形は表層には現れないが，それと相反する制約が有標性制約より高くランクされている言語では有標性制約の力は弱められ，有標な形式であっても表層に現れることができるのである．この「制約のランクづけ」に関しては 6.3 節で，そして「有標性制約とは相反する制約」については 6.4 節で紹介する．

では有標性制約には，先にみてきた音節関連の有標性制約以外に，どのようなものが存在するのだろうか．分節音や素性に関する制約，分節音の配列に関する制約，語強勢に関する制約，韻律構成素の構造に関する制約，韻律階層に関する制約など，様々なものがある．以下にいくつか例をリストアップしておく．

(7) 分節音や素性に関する制約

    a. NoNasalV：鼻母音禁止

        全ての言語は口母音を音素として持つが，鼻母音は必ずしも全ての言語に存在するわけではなく，有標な音である．しかし 1.5.2 項でみたフランス語のように，鼻母音が口母音と対立する言語もある．

    b. NoD：有声阻害音（D）禁止

        無声阻害音は全ての言語に音素として存在するが，有声阻害音はそうとは限らないので有標．例：ハワイ語，アイヌ語．この制約については，また 6.5.1 項で触れる．

(8) 分節音の配列に関する制約

    a. NoVTV：母音間での無声阻害音（T）の禁止

        (7b) にて有声阻害音 D を有標なものとして禁止する NoD 制約を紹介したが，母音間では D は有標ではなくなる．多くの言語で，無声阻害音 T が母音間で D に変化する**声の同化**（voicing assimilation）が観察されており，この同化現象は，もとは声帯振動の連続性を維持することで発音をより容易にするためにおこったものと考えられる．そのような機能的理由からも，VTV という音の配列は，VDV の配列よりも有標である．この制約については，また 6.5.2 項で触れる．

b. NoNT：鼻音（N）の直後に無声阻害音（T）が続くことを禁止

NTの配列を避ける言語は多く存在する．例えば，日本語の和語では，鼻音の直後の阻害音は有声音でなければならない（「かんがえる〜*かんかえる」「たんぼ〜*たんぽ」など）．

c. OCP（Oblicatory Contour Principle）：同一要素の連続禁止（必異原理）

もともとは同じ音調（tone）の連続を禁止する制約であったため，音調曲線を意味するcontourという用語が用いられているが，同一の分節音や素性の連続を禁止する制約としても用いられる．例として派生接尾辞 -ion がつく単語を考えてみよう．construct のように /t/ で終わる動詞に -ion をつけると，動詞語幹末の /t/ が**摩擦音化**（spirantize）し，そして**口蓋化**（palatalize）して /ʃ/ へと変化し，constru[k ʃ]ion となる．しかし，同じように動詞語幹が /t/ で終わる場合でも，digest のように /t/ の直前に /s/ がある場合，/t/ は口蓋化して破擦音には変化しても摩擦音化はせず，もともと備わっている［−継続性］の素性（1.7.1 項参照）が保持されて dige[s tʃ]ion となる．もしも後者で摩擦音化してしまうと，[s ʃ] というように，［＋継続性］の摩擦音が二つ連続してしまうことになり，OCP に違反することになる．

(9) 韻律構成素の構造に関する制約

a. BINMAX（BINARITYMAXIMUM）：3個以上の下位レベルの構成素からなる韻律構成素の禁止．例えば2.4.1項で紹介した音節の最大性制約（maximality constraint）は，音節が3モーラ以上を持つことを禁止しており，このBINMAXの一種である．同じように，5.2.2項で紹介したPPh（音韻句）の枝分かれ制約の(13b)もこの制約の一種である．

b. BINMIN（BINARITYMINIMUM）：韻律構成素は，少なくとも2個の下位レベルの構成素からならなければならない．例えば，2モーラ未満の韻脚やPWd（音韻語）の禁止（2.4.2項で紹介した語の最小性制約(minimality constraint)），そして5.2.2項で紹介したPPh（音韻句）の枝分かれ制約の(13a)などは，BINMINの一種である．

(10) 語強勢に関する制約

a. NONFINALITY：主要部である韻律要素が末端に生起することを禁止

3.3.2項でみてきたラテン語起源の英語名詞の強勢付与にかかわる語末音節の韻律外性などは，PWdの主要部となっている韻脚のNONFINALITYによって捉えることができる．

b. PEAKPROMINENCE：際立ちの低い音節（軽音節など）への強勢付与の禁止
第2章および第3章で，英語の強勢は重音節を好むことを観察してきたが，英語以外でも，多くの言語にこの傾向はみられる．
(11) 韻律階層に関する制約
HEADEDNESS：韻律範疇 C_{i-1} を支配していない韻律範疇 C_i の禁止
この制約は 5.1 節で紹介した．例えば，韻脚を欠く PWd は許容されない．

6.3 最適性理論の枠組み

6.3.1 入力表示から最適出力表示抽出までの流れ

最適性理論ではまず**入力表示**（input）が与えられ，**生成部門**（Generator：**GEN**）でその入力表示に様々な変形が加えられることで，**出力表示の候補群**（set of output candidates）が生成される．そして，これらの出力の候補を**評価部門**（Evaluator：**EVAL**）でふるいにかけ，そこから**最適出力表示**（optimal output candidate）を抽出する．この評価部門で候補をふるいにかける際，**制約部門**（Constraint Component：**CON**）の制約とそのランクづけに照らし合わせて，各候補の制約の違反の仕方が比較され，最適出力が選択される．この入力から最適な出力抽出までの流れを，図1に示す．

6.3.2 入力表示と基底の豊饒性

最適性理論の根幹は，全ての言語の音韻パターンの共通性と個別性を一つの仕組みで捉えることである．原則的にどの制約も等しく全ての言語に存在しているが，それらの制約のランクづけが言語間で異なるために，言語ごとに表層の音韻パターン（音の種類と数，音の配列・組み合わせ，音節の型など）に違いが生じ

/入力表示/ → 生成部門(GEN) → [候補1] [候補2] [候補3] ⋮ [候補n] → 評価部門(EVAL) → [最適出力]
↑
制約部門(CON)：制約のランクづけ

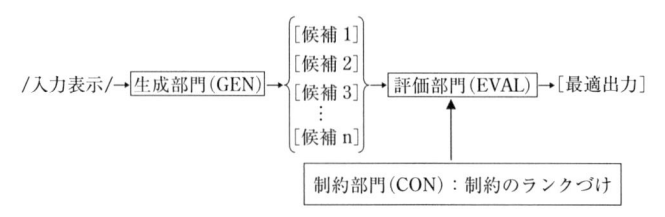

図1　入力から最適な出力抽出までの流れ

る．すなわち，入力の形式および制約の数・種類に言語間に本質的な違いがあるのではなく，言語の違いを導き出すのはあくまで制約のランクづけなのである．よって入力表示は，言語の違いにとらわれず何でも可能にできるよう，オープンにしておかなければならない．この仕掛けを**基底の豊饒性**(Richness of the Base) という．

基底の豊饒性がある以上，その言語の表層には決して現れないような，有標な音の並びを入力に想定することも可能であり，またそのようなものを入力に想定しても，それを最適な出力表示から排除できるような制約のランクづけを行わなければならない．例えば，英語から日本語への借用語の場合を想定してみよう．入力に，実際には日本語の表層に存在しない子音連続のパターン CCVC を入れたとしても，最適表示は CVCVCV と正しく予測できるような制約のランクづけを行う必要がある．

6.3.3 生成部門での様々な操作適用と候補群

次に生成部門とそこから作り出される様々な出力候補について考えてみよう．入力で与えられた表示に対し，音の挿入や削除，順序入れ替え，素性の変化，音節化など，考えられる音韻操作は何を行ってもよい．例えば，/fri:/ という入力が与えられた場合，出力候補としては少なくとも以下のようなものが可能である．

(12) 　　出力候補　　　加えられた操作
　　　a.　[fri:]　　　　なし（入力に忠実）
　　　b.　[fu.ri:]　　　母音挿入，2音節へ分割
　　　c.　[ɸri:]　　　　f → ɸ
　　　d.　[ɸu.ri:]　　　f → ɸ, 母音挿入, 2音節へ分割
　　　e.　[ri:]　　　　 子音削除
　　　f.　その他

6.3.4 評価部門と制約のランクづけに基づく最適出力の抽出

生成部門によって作り出された出力候補は，評価部門（EVAL）においてふるいにかけられるが，このふるいにかけるプロセスで参照されるのが制約部門（CON）の制約ランキングである．

全ての出力候補は最上位の制約（制約1）と照合され，それを遵守している出

力候補のみが生き残る．その生き残りを次に2番目の制約（制約2）に照合し，それを遵守しているものだけが次の制約の照合へ…，という形で続けていくと，最終的に一つの出力候補，すなわち最適出力が勝ち残る．この選別の途中で生き残れなかった出力候補は，下方に順位づけられている制約をどれだけ遵守してみても，再帰復活は果たせない．また反対に最適出力は，その最終的な勝利を決定づけた制約（制約 n）よりも下位に位置している制約（制約 $n+\alpha$）をどれだけ違反しても，その違反の影響を受けることはない．

例えば，評価表1の場合を考えてみよう．最適出力は「→」で示し，制約の違反は「*」で示されており，負け候補の「負け」を決定づける致命的な違反には「!」がつけられる．最適出力の最終的な勝利を決定づけた制約は制約3であり，最適出力による制約4の違反はもはや何の効力も発揮しない．

評価表1　（制約1≫制約2≫制約3≫制約4）

入力 X	制約 1	制約 2	制約 3	制約 4
最適出力 → X1				*
X2			*!	
X3		*!		
X4	*!			

6.3.5　制約のランクづけ

6.3.2項でも触れたように，最適性理論では，どの制約も普遍的に全ての言語に存在するという前提に基づき，言語の文法の違いは，これらの制約のランクづけに帰すると考える．ここで，人間の言語には n 個の制約があるとしよう．理論上，その n 個の制約の可能なランクづけは，n の階乗の数（$n!$）となり，それだけの数の異なる文法が存在することを予測する．これを**階乗類型**（factorial typology）と呼ぶ．しかし現実的には，二つの制約の間のランクづけに必要な根拠が見出せないような場合もあり，$n!$ 個の異なる文法を持つ言語が存在するわけではない．

a.　制約のランクづけの根拠

二つの制約のランクづけを決定するためには，その二つの制約が相反する要求をし**拮抗**（conflict）していなければならない．具体例として6.1節で紹介した日本語における英語からの借用の母音挿入を挙げる．例えば，英語のもとの単語の

/fri/ free が入力となる場合，C1 と C2 の間に母音が挿入された [ɸu.riː] が最適出力として選ばれる．これは音節の頭子音に子音連続（子音結合）がおこるのを禁止する (6b) の NoComplexOnset が，それと拮抗する母音挿入禁止制約よりも高くランクづけされていることを意味する．その結果，母音挿入禁止制約を違反してでも，NoComplexOnset を満たす出力表示が最適となる．これを以下の評価表 2 に示す（ここでは，入力の f と出力の ɸ との間の素性の違いは無視して議論している）．

評価表 2　日本語における英語からの借用
（NoComplexOnset ≫ 母音挿入禁止）

/fri/	NoComplexOnset	母音挿入禁止
[ɸriː]	*!	
→ [ɸu.riː]		*

それに対し，反対に母音挿入禁止制約が NoComplexOnset より高くランクされてしまうと，評価表 3 にあるように，入力にある子音連続がそのまま保持された表示が最適出力となる．

評価表 3　（母音挿入禁止 ≫ NoComplexOnset）

/fri/	母音挿入禁止	NoComplexOnset
→ [ɸriː]		*
[ɸu.riː]	*!	

b.　制約間のランクづけが不可能な場合

しかし，全ての制約の組み合わせが，上記の NoComplexOnset と母音挿入禁止制約のように拮抗するとは限らず，ランクづけを行うことができない場合もある．その一つのケースとして，評価表 4 にあるように，最適出力が二つの制約を同時に遵守している場合が挙げられる（二つの制約の間に順序づけの根拠が見出せないときは，その二つの制約の間にカンマ「,」を置き，評価表ではその二つの制約の間は点線で仕切る）．

評価表 4　（制約 1，制約 2）

	制約 1	制約 2
→出力 A		
出力 B		*
出力 C	*	

　制約の間の順序づけの根拠が見出せないもう一つのケースは，評価表 5 に示すように，最適出力 A が違反している制約が，他の出力候補が違反している制約の集合の部分集合である場合である．この場合，どのような制約のランクづけがなされても，出力 A が最適となるので，制約間のランクづけの証拠を見出すことができない．

評価表 5　（制約 1，制約 2）

	制約 1	制約 2
→出力 A	*	
出力 B	*	*

6.4　拮抗する 2 種類の制約：有標性制約 vs. 忠実性制約

　有標性制約は，出力表示（表層表示）が**有標**（marked）な形をとることを禁じる制約であるということはすでに 6.2 節で述べた通りである．このように有標性制約は，あくまで出力表示にのみかかる制約であり，入力表示の形式については全く言及しない．それに対し，有標性制約と相反する要求をする制約として，**忠実性制約**（faithfulness constraint）も言語には存在していると，最適性理論では考える．この忠実性制約は，入力表示と出力表示の一貫性を求める制約であり，たとえ入力表示が有標な形式を持っていたとしても，出力表示においてもその有標な形式を保持することを要求する．

(13) a. 有標性制約：出力表示に有標な要素があってはならない．
　　 b. 忠実性制約：出力表示は入力表示に忠実でなければならない．

この二つが相反する要求をするとき，両者を同時に遵守し満たすことは不可能である．有標性制約の方が忠実性制約よりも上位に位置づけられている言語では，最適出力表示で有標なパターンは避けられる．反対に，忠実性制約が有標性制約

表3　有標性制約と忠実性制約の特徴

	有標性制約	忠実性制約
内容	有標な出力表示を禁止	有標であろうとなかろうと，入力表示に忠実でない出力表示を禁止
効用	音の対立や多様性の喪失	音の対立や多様性の保持

よりランクが高い言語では，入力表示に存在する有標なパターンも，そのまま最適出力表示に出てくるのである．6.3節で取り上げた母音挿入禁止制約は，入力の音の並びを出力でもそのまま保持することを求めるため，忠実性制約の一つということになる．

基底の豊饒性に基づけば，入力には制限なく多種多様な音や音の配列を想定することができる．そして忠実性制約が有標性制約のどれよりも高くランクされ，その効力を100%発揮することになると，入力におこりうる全ての音やその配列が，その有標度合いにかかわらず，いついかなる環境でも表層に現れることになり，音の対立や多様性が保持される．それに対し有標性制約は，入力に現れた有標な音や音の配列を排除することを要求するため，最適出力において無標なもののみを残す役割を果たす．その結果，有標性制約のランクづけが高くなるほど，音の対立や多様性が失われていく（表3参照）．

では忠実性制約にはどのようなものがあるのだろうか．以下にいくつかリストアップしておく．

(14) a. Dep（Dependence・挿入禁止制約）
　　　　入力に存在しない要素が出力にあってはならない．
　　b. Max（Maximality・削除禁止制約）
　　　　入力に存在する要素は出力にも存在していなければならない．
　　c. Ident [F]（Identity [F]・素性一致制約）
　　　　入力の要素とそれに対応する出力の要素は，素性Fに関して一致していなければならない．

6.5 音素・異音・中和を有標性制約と忠実性制約で捉える

本節では，第1章で触れた音素対立と異音，そして中和を，最適性理論ではどう捉えたらよいのかを考察していく．最適性理論には基底の豊饒性の前提があるため，もはや入力表示を「音素」だけに限定することはできない．それでも各個別言語の表層表示で，対立する音の数は異なる．最適性理論では，このような言語間の音の対立の違いは，全て制約のランクづけの違いに還元して捉える．6.4節でも触れたように，有標性制約には音の対立や多様性を排除する機能があり，反対に忠実性制約にはそれらを保持しようとする機能がある．よって，有標性制約が忠実性制約より高くランクづけられれば，対立する音の数は減り，そのランクづけが逆転すれば，対立する音の数は増える．

6.5.1 完全対立と無対立

まず，図2に示すような言語A（**完全対立**：full contrast）と，言語B（**無対立**：no contrast）で考えてみよう（1.5節参照）．

言語Aでは，XとYがいかなる環境でも対立分布の関係にある（1.5.3項参照）．それに対して言語BではXのみがどの環境にも現れる．

完全対立の言語Aでは，(15a)に示すように，忠実性制約が有標性制約より上にランクづけされており，XとYのどちらが入力となろうと，それらの音は全ての環境で，そのまま表層に現れることができる．無対立の言語Bでも，基底の豊饒性の前提があるので，「音素」としては存在していないYが入力となることができる．しかし(15b)に示すように，Yを禁止する有標性制約が忠実性制約より上にランクづけされているので，Yが表層に現れることはない．

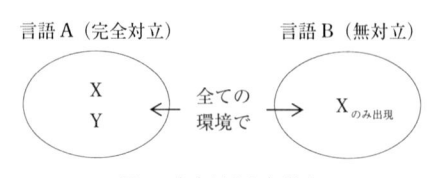

図2 完全対立と無対立
Kager (2006), p6 を参考に．

(15) a. 完全対立： 忠実性制約 ≫ 有標性制約（Y 禁止）
    b. 無対立： 有標性制約（Y 禁止） ≫ 忠実性制約

完全対立の例としては，日本語の漢語の無声阻害音（T）と有声阻害音（D）が挙げられる．日本語の漢語では，いかなる環境においても T と D は対立している．例えば，[kaN]（缶）と [gaN]（癌），[seN]（千）と [zeN]（善），[hataN]（破綻）と [hadaN]（破談）などのミニマルペアが存在する．これは入力と出力の声の素性を一致させようとする（16）の IDENTVOICE 制約が，表層での D の出現を禁じる（7b）の NoD 制約よりも高くランクづけされているからである．

(16) IDENTVOICE：入力の要素とそれに対応する出力の要素は，[±voice] に関して一致していなければならない．

(17) 日本語の漢語（完全対立）： IDENTVOICE ≫ NoD

反対に，この NoD 制約が IDENTVOICE よりも高くランクされると，表層で D は現れず，T のみが現れる無対立の言語となる．例えば，ハワイ語などがそのような例であると報告されている（Keating, et al. 1983, p279．しかしハワイ語では，次項で紹介するアイヌ語と同じく，母音間では阻害音が多少有声化されて発音されている可能性もある．よってこのハワイ語への言及は，あくまで理想化された話であると捉えてほしい）．

(18) ハワイ語（無対立）： NoD ≫ IDENTVOICE

6.5.2 中和と相補分布

6.5.1 項では，完全対立と無対立の場合を考察してきたが，言語の中には，図 3 に示すように，ある限られた環境においては無標な X しか出現しないが，それ以外の全ての環境では X と Y は対立しているという言語 C（**中和**：neutralization）や，ある限られた環境においては Y のみが表層に現れ，それ以外の全ての環境では X のみが現れる無対立の状態という言語 D（**相補分布**：complementary distribu-

言語 C（中和）　　　　　言語 D（相補分布）
　　　　　　　その他の環境（白）
　　　　　　　限られた環境（灰色）

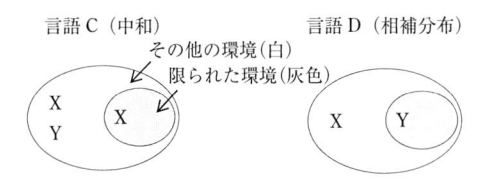

図 3 中和と相補分布
Kager (2006) を参考に．

表4　中和と相補分布の例

オランダ語	中和（語末で無標な無声阻害音へ） pet　　／pɛt／　　→ [pɛt]　'cap' petten　／pɛt／ + ／ən／ → [pɛ.tən]　'caps' bed　　／bed／　　→ [bet]　'bed' bedden　／bed／ + ／ən／ → [bɛ.dən]　'beds'
アイヌ語	相補分布（母音間 vs. それ以外の環境） ／keta／ → [keda]　'star'
古英語	／ofer／ → [over]　'over' ／fi:f／ → [fi:f]　'five'

tion）も存在している（1.5節参照）．

　中和と相補分布の具体例として，阻害音の有声音と無声音の生起を例に考えてみよう．オランダ語では，語末という限られた環境では，無標なTしか出現しないが，語末以外の環境では，無声阻害音Tと有声阻害音Dが対立している．アイヌ語では，母音に挟まれた環境にはDのみが現れるが，それ以外の環境ではTのみが現れ，無対立の状態である（Partie 1982）．アイヌ語と同じように，古英語の摩擦音でも母音間では有声音のみが現れるが，それ以外の環境では無声音のみが現れる（Lass 2006）．

　まず，オランダ語における，限られた環境での無標なTへの中和を考えてみよう．基本的にはオランダ語では，TとDは対立していることから，(17) で紹介した完全対立の制約ランキング（IDENTVOICE ≫ NoD）を持っていると考えてよい．しかし，その完全対立の基本ランキングに，何か追加的なことがおこっているために，語末という特殊環境でのみTとDの対立が失われ，無標なTに中和してしまうと考えてみよう．ここでは，より**一般的**（general）な有標性制約$_{\text{GENERAL}}$であるNoD制約に加え，語末という**特殊**(specific)な環境でのみDを禁じる有標性制約$_{\text{SPECIFIC}}$，すなわち (19) のNoD#制約があると考える．

　(19) NoD#（有標性制約$_{\text{SPECIFIC}}$）：語末では阻害音は有声であってはならない．

(20) に示すように，この (19) の有標性$_{\text{SPECIFIC}}$が，(17) の対立の基本ランキングの上に君臨するため，特殊環境である語末においてだけは忠実性制約の効力はなく，Dは表層に現れることができない．しかし忠実性制約は，一般的な有標性$_{\text{GENERAL}}$

より高く位置しているため，語末以外の環境では忠実性制約の効力が発揮され，Dが現れるのである．

(20) 特殊環境での無標なTへの中和（オランダ語）
　　 NoD# ≫ IDENTVOICE ≫ NoD
　　 （有標性$_S$）（忠実性）　　　（有標性$_G$）

では，アイヌ語の相補分布の場合を考えてみよう．デフォルトの環境では，Tのみが存在して無対立だが，母音間（VとVの間）でTは起こらずDに変化するという事実から，有標性制約として母音間のTを禁じる(8a)のNoVTV制約が鍵を握っていると考えられる．このNoVTV制約を改めて，以下の(21)に示す．

NoVTVは「母音間」という限られた環境での無声阻害音を禁じる制約という点で，(19)で取り上げた有標性$_{SPECIFIC}$のNoD#と性質が似ていると思う読者もいるかもしれない．しかしこのNoVTVと有標性$_{SPECIFIC}$とを混同してはならない．というのも，このNoVTV制約とNoD#には本質的な違いがあるからだ．

有声阻害音はもともと人間言語に有標な音であるがゆえ，有標性$_{SPECIFIC}$のNoD#にはその相方として，より一般的な有標性$_{GENERAL}$のNoD制約が存在している．すなわちNoD#は，あくまでもその有標性$_{GENERAL}$の特殊環境バージョンであるという性質を持っている．しかし，無声阻害音Tは無標な音であるため，NoVTVよりも一般的なNoT制約を，積極的に想定する理由がない．Tはあくまで母音間でのみ有標になるだけなのだ．

よって，NoVTVを有標性制約$_{SPECIFIC}$として扱うことは妥当ではないということになる(Smith 2008)．しかしそれでもある限定された環境においてのみTを禁止しているから，**文脈依存**（context-dependent）の有標性制約であることに違いはない．ここではNoD#のような有標性制約$_{SPECIFIC}$と区別するため，NoVTVのような文脈依存の性質を持つ有標性制約を，有標性制約$_{CONTEXTUAL}$と呼ぶことにする(Smith 2008)．

(21) NoVTV（有標性制約$_{CONTEXTUAL}$）：母音間での無声阻害音（T）の禁止．

ではアイヌ語の相補分布に話をもどそう．母音間以外ではTのみの無対立の状態があるわけで，この言語には基本として(18)のNoD ≫ IDENTVOICEの無対立のランキングが備わっていると考えてよいだろう．しかし母音間ではTは姿を消し，代わりにDが現れる．これは(22)に示すように，母音間でTを禁じる有標性制約$_{CONTEXTUAL}$のNoVTVが，Dを禁じる有標性制約$_{GENERAL}$のNoDより高くランクづけ

されていると想定すると，正しく予測できる（評価表 6）．しかし，評価表 7 に示すように，母音間に阻害音が存在するような環境がなければ，有標性$_{\text{CONTEXTUAL}}$ の NoVTV 制約は無関係なので，たとえ入力に D があっても，有標性$_{\text{GENERAL}}$ によって出力では T が選ばれるのである．

(22) 母音間での D とそれ以外の環境での T の相補分布
NoVTV ≫ NoD ≫ IDENTVOICE
（有標性$_\text{C}$）（有標性$_\text{G}$）（忠実性）

評価表 6　相補分布

ata	NoVTV (有標性 $_\text{C}$)	NoD (有標性 $_\text{G}$)	IDENTVOICE (忠実性)
ata	*!		
→ ada		*	*

評価表 7　相補分布

da	NoVTV (有標性 $_\text{C}$)	NoD (有標性 $_\text{G}$)	IDENTVOICE (忠実性)
→ ta			*
da		*!	

本節では主に，無標な T への中和と，T と D の相補分布を，(23) の四つの制約を想定することで考察してきた．そして (24) のランクづけで，それらを説明した．

(23) a. NoD 　　　（有標性制約$_{\text{GENERAL}}$）
　　 b. NoD#　　（有標性制約$_{\text{SPECIFIC}}$）
　　 c. NoVTV　（有標性制約$_{\text{CONTEXTUAL}}$）
　　 d. IDENTVOICE （忠実性制約）

(24) a. 「対立あり（T と D）」の基本ランキング：　忠実性 ≫ 有標性 $_\text{G}$
　　　　 中和（語末で無標な T）：　　 有標性 $_\text{S}$ ≫ 忠実性 ≫ 有標性 $_\text{G}$
　　 b. 「無対立（T のみ）」の基本ランキング：　有標性 $_\text{G}$ ≫ 忠実性
　　　　 相補分布（母音間で D）：　　 有標性 $_\text{C}$ ≫ 有標性 $_\text{G}$ ≫ 忠実性

ちなみに，ここまでで阻害音の声の中和の例としてみてきたのは，語末での無標な T への中和であった．しかし演習問題 3 に例として示すように，ビルマ語などでは，阻害音は母音間で D へ中和する（Smith 2008）．このビルマ語の中和は，どの制約を用いて，どのようにランクづけすれば捉えることができるのか，考え

6.6 子供の言語獲得と最適性理論

　最適性理論は子供の言語獲得での発話や発達も，有標性制約と忠実性制約とのせめぎあいで捉えることができる．

　幼い子供の発話の音韻特徴として，無標な音や音韻パターンへの単純化があるということが多くの獲得研究で報告されている．例えば，頭子音の子音結合を許容する英語を母語とする幼児ですら，その言語発達の初期段階においては頭子音の子音結合を単純化してしまうことが報告されている（Gnadesikan 2004）．例えば，please [pliz] を [pi:z] と発音してしまったりする．これは子供の言語獲得の初期状態ではデフォルトとして，有標性制約が忠実性制約より高くランクづけされているためであると，最適性理論では考える（Smolensky 1996）．6.3 節でも述べたように，有標性制約は有標な音や音の配列などを排除し，無標なものを好む特性がある．発話を獲得し始めた幼児の文法では，有標性制約が忠実性制約より高くランクされているので，まずは無標な音や音の配列から発話し始めるのである．それが最終的には複雑な頭子音や尾子音を持つ音節も産出できるように成長していく．これは，周りで話されている母語の英語にそのような複雑な有標な形式があり，子供はそれを証拠として，有標性制約である NoCompOnset を引き下げ，代わりに子音をそのまま保持しようとする忠実性制約の Max のランクを相対的に上昇させていくからである．

(25) a. 幼児の文法： 有標性 ≫ 忠実性
　　　　 NoCompOnset ≫ Max
　　b. 大人の文法： 忠実性 ≫ 有標性
　　　　 Max ≫ NoCompOnset

このように最適性理論は，普遍的で無標な音の形式を求める有標性制約と，たとえ有標であっても多様な形式を許容しようとする忠実性制約のせめぎあいによって，言語間の音韻パターンの違いだけでなく，子供の言語発達までも捉えることができるという点で有力な理論である．

6.7 語彙規則と後語彙規則の区別を最適性理論でどう捉えるか

最後に，第4章で扱った語彙規則と第5章で扱った後語彙規則の区別を，最適性理論でどう捉えるのかについて考えてみよう．本章で概観してきたように，最適性理論はあくまで出力表示にかかる有標性制約と，出力と入力の関係にかかる忠実性制約とのせめぎあいによって，最適な出力を選択する理論であり，段階的な音韻規則の適用を廃してしまっているのが特徴である．そこが，中間段階の表示を認め，語彙規則から後語彙規則への段階的な規則適用を想定する従来の語彙音韻論とは異なっている．しかし従来の語彙音韻論では容易に説明がつくのに，最適性理論では簡単には説明がつかないようなケースがいくつか存在している．

例として，第4章で扱った日本語の複合語の連濁と，第5章で扱った鼻濁音化に関連する表層表示をみてみよう．

(26) a. ［kabe + donari］　　「壁隣り（かべどなり）」
　　 b. ［saka + toŋe］　　　「逆刺（さかとげ）」

(26a) は複合語の後部要素の第2音節以降に有声阻害音がなく，ライマンの法則 (4.2.2項参照) に抵触しないため，連濁がおこっている．(26b) の場合も，この表層表示をみる限り，ライマンの法則には抵触していないので，連濁がおこる環境がととのっているようにみえる．にもかかわらず，実際には (26b) の表層表示では連濁がおこっていない．このような表層表示の状態，すなわち，ある音韻操作適用の条件がととのっている表層表示があるのに，実際にはそれが適用されていない状態を，**適用不全** (underapplication) と呼ぶ (反対に，ある規則の適用の条件がととのっていない表層表示において，その規則の適用がおこっているケースを**適用過剰** (overapplication) という．また適用不全と適用過剰の問題は，**不透明性** (opacity) と呼ばれている)．

この適用不全の状況を有する (26b) の表層表示は，従来の語彙音韻論では問題とならない．まず，(26a) と (26b) とは，基底音素表示が異なる．(26a) の基底音素表示では，後部要素の第2音節以降に有声阻害音はないので，何の問題もなく語彙部門において連濁が適用されるが，(26b) の基底音素表示では，第2音節以降に有声阻害音の g が存在しているので（/toge/），ライマンの法則により，連濁の適用が阻止される．そして，この語彙部門での連濁の適用のプロセスが終了し

た後で，語彙部門の外で後語彙規則である鼻濁音化（g → ŋ）が適用される．よって，後語彙規則の鼻濁音化によって得られた ŋ 音は，連濁の適用を可能にする環境（すなわちライマンの法則によって連濁適用が阻止されない環境）を**供与**（feed）こそするが，連濁の適用はすでに終了しているので，それによって改めて連濁が適用されることはないのである．このように連濁の適用が終了した後で，連濁適用の環境を供与するような鼻濁音化が適用される順番は，**供与の逆の順**（counterfeeding order）と呼ばれる．この供与の逆の順の規則の適用を (27) に示す（ちなみに，規則 A が適用された後で，規則 A の適用条件を奪取（bleed）する規則 B が適用される順序を，奪取の逆の順（counterbleeding oder）といい，この奪取の逆の順の規則適用は適用過剰の原因となる）．

(27) 連濁と鼻濁音化

基底			kabe, tonari	saka, toge
語彙部門	複合語形成		kabe + tonari	saka + toge
	連濁		kabe**d**onari	なし（ライマンの法則）
後語彙部門	g → ŋ		なし	(sakatoŋe)_PWd
表層			(kabedonari)_PWd	(sakatoŋe)_PWd

それに対し最適性理論では，基底の豊饒性によって，いわゆる音素表示以外のものも入力となることができてしまう．例えば鼻濁音を伴った saka + toŋe という表示も，入力となることができてしまうのである．また，あくまで表層表示（出力）がどれだけ有標性制約を違反しているのか，そしてどれだけ出力が入力から乖離しているのかに基づいて最適出力を選別するので，鼻濁音を伴った saka + toŋe が入力となると，kabe + tonari が入力となった場合と同じく，ライマンの法則を違反しないケースとして捉えられ，saka + doŋe というように，連濁したものが最適な出力として選ばれてしまい，誤った予測をしてしまう．

この問題に直面し，**階層的最適性理論**（Stratal OT）が提唱されている（Kiparsky 2000, Ito and Mester 2003 ほか）．この理論では，語彙部門と後語彙部門を別々の部門として捉え，それぞれの部門には異なる制約ランキングが備わっており，語彙部門で得られた最適出力が，今度は後語彙部門の入力となると考え，語彙音韻論の段階派生の考え方を取り入れている（Ito and Mester 2003）．

例えば，上記の (26b) の「さかとげ」の場合で，この階層的最適性理論を考えてみよう．語彙部門では，基底の豊饒性があるので saka + toge が入力となること

も，saka+toŋe が入力となることもありうる．しかし，どちらが入力となろうと，この語彙部門には saka+toge を最適出力として選出する「制約ランキング X」が備わっている．そして，語彙部門で最適出力として得られた saka+toge が，今度は後語彙部門の入力となる．後語彙部門には，saka+toge が入力として与えられたときに，saka+doŋe でも saka+toge でもなく，saka+toŋe こそが最適出力となるような「制約ランキング Y」が備わっており，よって (26b) に示したように saka+toŋe が最適出力として選ばれるのである．語彙部門の制約ランキング X と，後語彙部門の制約ランキング Y の内容の詳細は，紙面の都合上示すことはできないので，詳しくは Ito and Mester（2003）を参照してもらいたい．

またこのように，語彙部門における制約ランキングおよび最適出力選択の一連のプロセスと，後語彙部門のそれらとを分離することで，例えば 5.8 節でみてきたような語彙規則と後語彙規則の性質の違いも捉えることができる．語彙規則には話者や発話速度や言語の使用場面によるバリエーションはなく，それが適用されると定められている語には，義務的に適用されるのに対し，後語彙規則にはそのようなバリエーションがある．ここで紹介した階層的最適性理論では，語彙部門の制約ランキングは厳密に定まっているが，後語彙部門の制約ランキングにはある程度自由度があり，話者や発話速度や使用場面によって，多少ランキングが変動しうるとする仕組みを設けることで捉えることができるだろう．ただし，階層的最適性理論に対しては批判もあり，より詳しい議論については McCarthy（2007）などを参照されたい．

より深く勉強したい人のために

- 田中伸一（2009）『日常言語に潜む音法則の世界』開拓社．
 音素と規則に基づく音韻理論から，制約のみに基づく最適性理論に至るまでの文法観の変遷を，規則と規則の縦の関係，すなわち規則の順次適用と段階的派生や，規則と規則の横の関係，すなわち規則と規則を結びつける制約の意義といったところにも焦点を当てながら解説している．単に最適性理論の仕組みや分析手法だけではなく，それが台頭してきた背景や意義についても解説してくれる良書．
- Kager, René (1999) *Optimality Theory*, Cambridge: Cambridge University Press.
 英語で書かれた最適性理論入門の教科書．最適性理論の解説に始まり，音節構造や強勢付与や重複形などの具体的事象を最適性理論でどう捉えるのか，制約のランキングの学習可能性や統語論への応用，そして不透明性など最適性理論にとって問題となる

ようなところまで幅広く網羅している.
- McCarthy, John (2002) *A Thematic Guide to Optimality Theory*, Cambridge: Cambridge University Press.

 Kager (1999) よりも理論的側面を掘り下げ,最適性理論が台頭してきた背景,制約のあり方,そして最適性理論が音韻論研究にもたらした影響などを論じている.上級者向け.

- McCarthy, John (2008) *Doing Optimality Theory*, Oxford: Blackwell.

 最適性理論での分析の手法を紹介することを目的としており,実際にこれから初めて最適性理論を使って音韻現象を分析しようと考えている入門者や,最適性理論に依拠した専門書や論文などを読んでいて手法的なところを確認したいという読者にとって有用な1冊である.

- Prince, Alan and Paul Smolensky (2004) *Optimality Theory: Constraint Interaction in Generative Grammar*, Oxford: Blackwell.

 最適性理論の提唱本で,もともとの草稿は1993年に発表された.入門者向けではないので,まずは田中 (2009) などで最適性理論が規則に基づく理論に取って代わった背景を理解し,Kager (1999) などで最適性理論の全体像を把握してから読むことをおすすめする.

演習問題

1. 以下の (ア) から (ウ) の規則は全て,ある目的もしくは制約に対して共謀関係にある.その目的もしくは制約とはどのようなものか考えなさい (N=鼻音,T=無声阻害音,D=有声阻害音).

 (ア) 鼻音と阻害音の融合 (インドネシア語)　N+T→N

　　a.　/məN+pilih/ → [məmilih]　　'to choose, to vote'
　　　　/məN+tulis/ → [mənulis]　　'to write'
　　　　/məN+kasih/ → [məŋasih]　　'to give'
　　b.　/məN+bəli/ → [məmbeli]　　'to buy'
　　　　/məN+dapat/ → [məndapat]　　'to get, to receive'
　　　　/məN+ganti/ → [məŋganti]　　'to change'

 (イ) 鼻音の口音化 (マンダル語)　N+T→TT

　　a.　/maN+tunu/ → [mattunu]　　'to burn'
　　b.　/maN+dundu/ → [mandundu]　　'to drink'

（ウ）阻害音の有声化（ケチュア語プヨプンゴ方言） T → D/N___
    a. /kaN+pa/ → [kamba] 'yours'
       /wakiN+ta/ → [wakinda] 'the others'
    b. /sinik-pa/ → [snikpa] 'porcupine's'
       /sača-pi/ → [sačapi] 'in the jungle'
                                                                                                                     (Pater 1999)

2. 人間の全ての言語に頭子音を持つ音節（CV）が存在すると想定してみよう．さらに本章の表2のデータも参照しながら，以下の制約を設ける必然性があるか考えなさい．
  （ア）NoOnset（頭子音を持つ音節を禁止する有標性制約）
  （イ）NoComplexCoda（複数の尾子音を禁止する有標性制約）

3. 以下の（ア）の例に示すように，ビルマ語では，阻害音は声の対立がある（TとDが対立する）が，（イ）の例にあるように母音間ではDへ中和する（Smith 2008）．どのような制約のランキングで，このビルマ語のDへの中和を捉えることができるか考えなさい（以下の例では音調は省かれている）．
  （ア）語頭での声の対立
     poũ   'can'   boumʰu   'Major'
     te   'hut'   di   'this'
  （イ）母音間でのDへの中和
     sʰiboũ   'oil can'
     boude   'rest house'   (Smith 2008)

文献

窪薗晴夫（2005）「音韻論概説」西原哲雄・那須川訓也（編）『音韻理論ハンドブック』英宝社：3-14.

田中伸一（2009）『日常言語に潜む音法則の世界』開拓社．

Blevins, Juliette (1995) "The Syllable in Phonological Theory," in John Goldsmith (ed.), *Handbook of Phonological Theory*, Oxford: Blackwell, 204-244.

Broselow, Ellen (1980) "Syllable Structure in Two Arabic Dialects," Studies in the Linguistic sciences **10**: 13-24.

Chomsky, Noam and Morris Halle (1968) *The Sound Pattern of English*, New York: Harper and Row.

Gnadesikan, Amalia (2004) "Markedness and Faithfulness Constraints in Child Phonology," in René Kager, Joe Pater and Wim Zonneveld (eds.) *Constraints in Phonological Aquisition*, Cambridge: Cambridge University Press, 73-108.

Ito, Junko and Armin Mester (2003) "Lexical and Postlexical Phonology in Optimality Theory: Evidence from Japanese," in Gisbert Fanselow and Caroline Féry (eds.) *Linguistische Berichte*.

Sonderheft 11: Resolving Conflicts in Grammars, Hamburg: Helmut, 183-207.

Kager, René (1999) *Optimality Theory*, Cambridge: Cambridge University Press.

Kager, René (2006) "Lexical Irregularity and the Typology of Contrast," in Kristin Hanson and Sharon Inkelas (eds.) *The Nature of the Word: Essays in Honor of Paul Kiparsky*, Cambridge, MA: MIT Press, 1-38.

Kang, Yoonjung (2011) "Loanword Phonology," The Blackwell Companion to Phonology, in Mark van Oostendorp, Collin Ewen, Elizabeth Hume and Keren Rice (eds.), West Sussex: Blackwell, 2258-2282.

Keating, Patricia, Wendy Linker and Marie Huffman (1983) "Patterns in Allophone Distribution for Voiced and Voiceless Stops," *Journal of Phonetics* 11: 277-290.

Kiparsky, Paul (2000) "Opacity and Cyclicity," *The Linguistic Review* 17: 351-367.

Kisseberth, Charles W. (1970) "On the Functional Unity of Phonological Rules," *Linguistic Inquiry* 1: 291-306.

de Lacy, Paul (2006) *Markedness*, Cambridge: Cambridge University Press.

Lass, Roger (2006) "Phonology and Morphology," in Richard Hogg and David Denison (eds.), *A History of the English Language*, Cambridge: Cambridge University Press.

McCarthy, John (2002) *A Thematic Guide to Optimality Theory*, Cambridge: Cambridge University Press.

McCarthy, John (2007) *Hidden Generalizations: Phonological Opacity in Optimality Theory*, London: Equinox.

McCarthy, John (2008) *Doing Optimality Theory*, Oxford: Blackwell.

McCarthy, John and Alan Prince (1993) *Prosodic Morphology: Constraint Itneraction and Satisfaction*, Ms. University of Massachusetts at Amherst and Rutgers University.

Partie, James (1982) *The Genetic Relationship of the Ainu Language (Oceanic Linguistics Special Publications 17)*, Honolulu: University of Hawaii Press.

Pater, Joe (1999) "Austronesian Nasal Substitution and Other NÇ effects," in René Kager, Harry van der Hulst, and Wim Zonneveld (eds.) *The Prosody Morphology Interface*, Cambridge: Cambridge University Press, 310-343.

Prince, Alan and Paul Smolensky (2004) *Optimality Theory: Constraint Interaction in Generative Grammar*, Oxford: Blackwell [originally distributed as a manuscript, 1993].

Rice, Keren (2007) "Markedness in Phonology," in Paul de Lacy (ed.) *The Cambridge Handbook of Phonology*, Cambridge: Cambridge University Press, 79-98.

Smith, Jennifer (2008) "Markedness, Faithfulness, Positions and Contexts: Lenition and Fortition in Optimality Theory," in Joaquim Brandao de Carvalho, Tobias Scheer, and Philippe Ségéral (eds.) *Lenition and Fortition*, Berlin: Mouton de Gruyter, 519-560.

Smolensky, Paul (1996) *The Initial State and 'Richness of the Base' in Optimality Theory*, Technical Report (JHU-CogSci-96-4), Johns Hopkins University.

索　引

▶あ　行

アクセント（accent）　58
アクセント核　60
アクセント句（accentual phrase）　124

異音（allophone）　8
一般米語（General American, GA）　3
韻脚（foot）　69
インターフェイス（interface）　107
イントネーション（intonation）　113
韻律（prosody）　58
韻律外性　71
韻律階層（prosodic hierarchy）　107
韻律構造（prosodic structure）　107
韻律範疇（prosodic category）　106
韻律理論（metrical theory）　70

枝分かれ制約（binarity constraint）　113
［円唇］（［round］）　23

音韻句（phonological phrase: PPh）　109
音韻語（phonological word: PWd）　109
音韻素性（phonological feature）　17
音声環境（phonetic environment）　11
音声的類似性（phonetic similarity）　15
音節（syllable）　2, 30
音節化（syllabification）　93
音節核（syllabic nucleus）　21, 46
音節構造（syllable structure）　38, 45
［±音節主音性］（［±syllabic］）　21
音節主音的子音（syllabic consonant）　44, 120
音節量（syllable weight）　70
　　──に依存しない（quantity insensitive）　70
　　──に依存する（quantity sensitive）　70
音素（phoneme）　8, 96
音素的重複（phonemic overlap）　15
音素配列　37
音素配列論（phonotactics）　80

音調曲線（tonal contour）　117
音調句（intonational phrase: IPh）　109
音調層（tonal tier）　117

▶か　行

開音節（open syllable）　23
開音節言語（open syllable language）　55
階乗類型（factorial typology）　142
階層的最適性理論（Stratal OT）　153
書き換え規則（rewritng rules）　133
核アクセント（nuclear accent, tonic accent）　114
核強勢規則（nuclear stress rule: NSR）　98
カタセシス（catathesis）　124
含意的普遍性（implicational universal）　136
完全対立（full contrast）　146

聞こえ度（sonority）　42
聞こえ連鎖の原理（Sonority Sequencing Principle）　42, 69
拮抗（conflict）　142
基底の豊饒性（Richness of the Base）　141
基底表示（underlying representation）　96
機能語（function word）　120
強弱脚（trochaic foot）　69
強勢（stress）　58
強勢移動（stress shift）　110
強勢転移（stress retraction）　76
強転移（strong retraction）　77
共謀（conspiracy）　134
共鳴（resonance）　21
共鳴音（sonorant）　20
［±共鳴性］（［±sonorant］）　21
供与（feed）　153
　　──の逆の順（counterfeeding order）　153
［緊張］（［tense］）　23
緊張母音（tense vowel）　3

屈折接辞（inflectional affix）　88
句動詞（phrasal verb）　122

句末音調（boundary tone） 114
クラス I（Class I） 79
クラス I 接辞（Class I affix） 89
クラス II（Class II） 79
クラス II 接辞（Class II affix） 89

軽音節（light syllable） 53, 70
継続上昇調（continuation rise） 117
［継続性］（［continuant］） 18
言語運用（performance） 114
言語音（speech sound） 1
言語知識（competence） 114, 136

［後］（［back］） 23
語彙音韻論（Lexical Phonology） 91
語彙規則（lexical rules） 94
語彙部門（lexicon） 91, 107
［高］（［high］） 23
口蓋化（palatalize） 139
後語彙規則（postlexical rules） 96, 107
後接語（proclitic） 121
構造保持（structure preservation） 95, 128
口母音（oral vowel） 8
声の同化（voicing assimilation） 138
語幹（stem） 88
混成（blending） 102

▶ さ 行
再音節化（resyllabification） 108
最小性制約（minimality constraint） 54
最小対語（minimal pair） 12
最大性制約（maximality constraint） 51
最大頭子音の原理（Maximal Onset Principle） 47, 69
最大投射範疇（maximal projection: XP） 110
最大末尾子音の原理（Maximal Coda Principle） 68
最適出力表示（optimal output candidate） 140
最適性理論（Optimality Theory） 135
三音節短母音化（trisyllabic shortening） 90
子音結合簡略化（consonant cluster simplification） 91
［±子音性］（［±consonantal］） 21
弛緩母音（lax vowel） 4
自然類（natural class） 20

弱強脚（iambic foot） 69
弱強反転（iambic reversal） 110
弱転移（weak retraction） 77
重音節（heavy syllable） 53, 70
従属部（dependent） 72
自由変異（free variation） 13
出力表示の候補群（set of output candidates） 140
主要音類（major class） 20
主要部（head） 102, 109
主要部制約（Headedness） 108
小音韻句（minor phonological phrase: MiP） 123
自立性 31
自律分節理論（autosegmental theory） 117
自立モーラ 31
生成音韻論（Generative Phonology） 133
生成部門（Generator: GEN） 140
声調（tone） 58
制約部門（Constraint Component: CON） 140
接辞（affix） 88
［舌頂性］（［coronal］） 22
接頭辞（prefix） 88
接尾辞（suffix） 88
［前］（［front］） 23
前核アクセント（prenuclear accent） 115
前置副詞句（preposed adverbial phrase） 118
前方アクセント（pre-accenting） 65
［前方性］（［anterior］） 22
旋律（tune） 113

挿入句（parenthetical phrase） 118
相補分布（complementary distribution） 12, 147
阻害音（obstruent） 20
促音 31

▶ た 行
第 1 強勢（primary stress） 58
第 1 モーラ低ピッチ化（initial lowering） 60, 125
大音韻句（major phonological phrase: MaP） 123
帯気（aspiration） 13
第 2 強勢（secondary stress） 58
対立（contrast） 1
対立分布（contrastive distribution） 11
ダウンステップ（downstep） 124
卓立（prominence） 58, 109
弾音化（flapping） 119

単母音（monophthong） 2

忠実性制約（faithfulness constraint） 144
中和（neutralization） 15, 147
長音 31
調音点同化（place assimilation） 91
超重音節（super-heavy syllable） 53
超分節的（suprasegmental） 58

［低］（［low］） 23
適用過剰（overapplication） 152
適用不全（underapplication） 152

統語から韻律への写像（syntax-prosody mapping） 107
統語構造（syntactic structure） 107
頭子音（onset） 37
特殊モーラ 31

▶な 行

内項（internal argument） 100
内容語（lexical word, content word） 109, 120
軟口蓋音軟音化（velar softening） 91

二重母音（diphthong） 2, 61
入力表示（input） 140

▶は 行

端揃え制約（edge alignment constraint） 107, 111
派生接辞（derivational affix） 88
撥音 31
発話（utterance: U） 109
反復性（iterativity） 84

鼻音化母音（nasalized vowel） 8
鼻音同化（nasal assimilation） 91
尾子音（coda） 37
非自立モーラ 31
非制限用法関係詞節（nonrestrictive relative clause） 118
ピッチアクセント（pitch accent） 58, 114
評価部門（Evaluator: EVAL） 140

付加詞（adjunct） 100
不完全脚（degenerate foot） 70
複合語強勢規則（compound stress rule: CSR） 98
不透明性（opacity） 152
分節音（segment） 1, 58
分布（distribution） 11
文脈依存（context-dependent） 149

閉音節（closed syllable） 23
閉音節言語（closed syllable language） 55

母音（vowel） 2

▶ま 行

摩擦音化（spirantize） 139

無解放（unreleased） 13
無対立（no contrast） 146
無標（unmarked） 40, 135
無標アクセント（unmarked accent） 80

名詞句（noun phrase） 97

モーラ（mora） 2, 30
モーラリズム（mora rhythm） 32

▶や 行

優勢（dominant） 63
［有声性］（［voice］） 18
有標（marked） 40, 135, 144
有標性（markedness） 135
有標性制約（markedness constraint） 137

容認発音（Received Pronunciation, RP） 3

▶ら 行

ライマンの法則（Lyman's law） 100
ライム（rhyme: R） 46
ラテン強勢規則（Latin stress rule） 71

リズム規則（rhythm rule） 110

劣勢（recessive） 63

英和対照用語一覧

音韻論に関わるキーワードの英和対照一覧を作成した．

▶ A

accent　　アクセント
accentual phrase　　アクセント句
adjunct　　付加詞
affix　　接辞
allophone　　異音
[anterior]　　[前方性]
aspirated　　帯気音化した
aspiration　　帯気
autosegmental theory　　自律分節理論

▶ B

[back]　　[後]
Binarity constraint　　枝分かれ制約
blending　　混成
boundary tone　　句末音調

▶ C

catathesis　　カタセシス
Class I　　クラス I
Class I affix　　クラス I 接辞
Class II　　クラス II
Class II affix　　クラス II 接辞
closed syllable　　閉音節
closed syllable language　　閉音節言語
coda　　尾子音
competence　　言語知識
complementary distribution　　相補分布
compound stress rule: CSR　　複合語強勢規則
conflict　　拮抗
consonant cluster simplification　　子音結合簡略化
[± consonantal]　　[±子音性]
conspiracy　　共謀
Constraint Component: CON　　制約部門
content word　　内容語
context-dependent　　文脈依存
[continuant]　　[継続性]
continuation rise　　継続上昇調

▶ (cont.)

contrast　　対立
contrastive distribution　　対立分布
[coronal]　　[舌頂性]
counterfeeding order　　供与の逆の順

▶ D

degenerate foot　　不完全脚
dependent　　従属部
derivational affix　　派生接辞
diphthong　　二重母音
distribution　　分布
dominant　　優勢
downstep　　ダウンステップ

▶ E

edge alignment constraint　　端揃え制約
Evaluator: EVAL　　評価部門

▶ F

factorial typology　　階乗類型
faithfulness constraint　　忠実性制約
feed　　供与
flapping　　弾音化
foot　　韻脚
free variation　　自由変異
[front]　　[前]
full contrast　　完全対立
function word　　機能語

▶ G

General American, GA　　一般米語
Generative Phonology　　生成音韻論
Generator: GEN　　生成部門

▶ H

head　　主要部
Headedness　　主要部制約
heavy syllable　　重音節
hierarchy　　階層

[high]　　[高]

▶ I

iambic foot　　弱強脚
iambic reversal　　弱強反転
implicational universal　　含意的普遍性
inflectional affix　　屈折接辞
initial lowering　　第1モーラ低ピッチ化
input　　入力表示
interface　　インターフェイス
internal argument　　内項
intonation　　イントネーション
intonational phrase: IPh　　音調句
iterativity　　反復性

▶ L

Latin stress rule　　ラテン強勢規則
lax vowel　　弛緩母音
level　　レベル
Lexical Phonology　　語彙音韻論
lexical rules　　語彙規則
lexical word　　内容語
lexicon　　語彙部門
light syllable　　軽音節
[low]　　[低]
Lyman's law　　ライマンの法則

▶ M

major class　　主要音類
major phonological phrase: MaP　　大音韻句
marked　　有標
markedness　　有標性
markedness constraint　　有標性制約
Maximal Coda Principle　　最大末尾子音の原理
Maximal Onset Principle　　最大頭子音の原理
maximal projection: XP　　最大投射範疇
maximality constraint　　最大性制約
metrical theory　　韻律理論
minimal pair　　最小対語
minimality constraint　　最小性制約
minor phonological phrase: MiP　　小音韻句
monophthong　　単母音
mora　　モーラ
mora rhythm　　モーラリズム

▶ N

nasal assimilation　　鼻音同化
nasalized vowel　　鼻音化母音
natural class　　自然類
neutralization　　中和
no contrast　　無対立
nonrestrictive relative clause　　非制限用法関係詞節
noun phrase: NP　　名詞句
nuclear accent, tonic accent　　核アクセント
nuclear stress rule: NSR　　核強勢規則
nucleus　　音節核

▶ O

obstruent　　阻害音
onset　　頭子音
opacity　　不透明性
open syllable　　開音節
open syllable language　　開音節言語
optimal output candidate　　最適出力表示
Optimality Theory　　最適性理論
oral vowel　　口母音
overapplication　　適用過剰

▶ P

palatalize　　口蓋化
parenthetical phrase　　挿入句
performance　　言語運用
phoneme　　音素
phonemic overlap　　音素的重複
phonetic　　音声学の
phonetic environment　　音声環境
phonetic similarity　　音声の類似性
phonological　　音韻論的
phonological feature　　音韻素性
phonological phrase: PPh　　音韻句
phonotactics　　音素配列論
phrasal verb　　句動詞
pitch accent　　ピッチアクセント
place assimilation　　調音点同化
postlexical rules　　後語彙規則
pre-accenting　　前方アクセント
prefix　　接頭辞
prenuclear accent　　前核アクセント
preposed adverbial phrase　　前置副詞句

primary stress　　第1強勢
proclitic　　後接語
prominence　　卓立
prosodic category　　韻律範疇
prosodic hierarchy　　韻律階層
prosodic strcuture　　韻律構造
prosodic word: PWd　　音韻語
prosody　　韻律

▶ Q

quantity insensitive　　音節量に依存しない
quantity sensitive　　音節量に依存する

▶ R

Received Pronunciation, RP　　容認発音
recessive　　劣勢
resonance　　共鳴
resyllabification　　再音節化
rewritng rules　　書き換え規則
rhyme　　ライム
rhythm rule　　リズム規則
Richness of the Base　　基底の豊饒性
［round］　　［円唇］

▶ S

secondary stress　　第2強勢
segment　　分節音
set of output candidates　　出力表示の候補群
simple　　簡潔
sonorant　　共鳴音
［± sonorant］　　［±共鳴性］
sonority　　聞こえ度
Sonority Sequencing Principle　　聞こえ連鎖の原理
speech sound　　言語音
spirantize　　摩擦音化
stem　　語幹
Stratal OT　　階層的最適性理論
stratum　　階層
stress　　強勢
stress retraction　　強勢転移
stress shift　　強勢移動

strong retraction　　強転移
structure preservation　　構造保持
suffix　　接尾辞
super-heavy syllable　　超重音節
suprasegmental　　超分節的
［± syllabic］　　［±音節主音性］
syllabic consonant　　音節主音的子音
syllabic nucleus　　音節核
syllabification　　音節化
syllable　　音節
syllable structure　　音節構造
syllable weight　　音節量
syntactic structure　　統語構造
syntax-prosody mapping　　統語から韻律への写像

▶ T

［tense］　　［緊張］
tense vowel　　緊張母音
tonal contour　　音調曲線
tonal tier　　音調層
tone　　声調
trisyllabic shortening　　三音節短母音化
trochaic foot　　強弱脚
tune　　旋律

▶ U

U　　発話
underapplication　　適用不全
underlying representation　　基底表示
unmarked　　無標
unmarked accent　　無標アクセント
unreleased　　無解放

▶ V

velar softening　　軟口蓋音軟音化
［voice］　　［有声性］
voicing assimilation　　声の同化
vowel　　母音

▶ W

weak retraction　　弱転移

編者略歴

菅原真理子(すがはらまりこ)

2003年　マサチューセッツ大学（アマースト校）大学院
　　　　言語学科博士課程修了
現　在　同志社大学文学部教授
　　　　Ph. D.

朝倉日英対照言語学シリーズ 3
音　韻　論
定価はカバーに表示

2014年3月20日　初版第1刷
2025年6月25日　　　第7刷

編　者　菅　原　真　理　子
発行者　朝　倉　誠　造
発行所　株式会社　朝　倉　書　店

東京都新宿区新小川町 6-29
郵便番号　162-8707
電話　03(3260)0141
FAX　03(3260)0180
https://www.asakura.co.jp

〈検印省略〉

© 2014〈無断複写・転載を禁ず〉　印刷・製本　デジタルパブリッシングサービス

ISBN 978-4-254-51573-2　C 3381　　Printed in Japan

JCOPY <出版者著作権管理機構 委託出版物>

本書の無断複写は著作権法上での例外を除き禁じられています．複写される場合は，
そのつど事前に，出版者著作権管理機構（電話 03-5244-5088, FAX 03-5244-5089,
e-mail: info@jcopy.or.jp）の許諾を得てください．

学習院大 中島平三編

言 語 の 事 典（新装版）

51045-4 C3581　　　　　　B5判 760頁 本体19000円

言語の研究は，ここ半世紀の間に大きな発展を遂げてきた。言語学の中核的な領域である音や意味，文法の研究の深化ばかりでなく，周辺領域にも射程が拡張され，様々な領域で言語の学際的な研究が盛んになってきている。一方で研究は高度な専門化と多岐な細分化の方向に進んでおり，本事典ではこれらの状況をふまえ全領域を鳥瞰し理解が深められる内容とした。各章でこれまでの研究成果と関連領域の知見を紹介すると共に，その魅力を図表を用いて平明に興味深く解説した必読書

学習院大 中島平三・岡山大 瀬田幸人監訳
オックスフォード辞典シリーズ

オックスフォード 言 語 学 辞 典

51030-0 C3580　　　　　　A5判 496頁 本体12000円

定評あるオックスフォード辞典シリーズの一冊。P.H.Matthews編"Oxford Concise Dictionary of Linguistics"の翻訳。項目は読者の便宜をはかり五十音順配列とし，約3000項目を収録してある。本辞典は，近年言語研究が急速に発展する中で，言語学の中核部分はもとより，医学・生物学・情報科学・心理学・認知科学・脳科学などの周辺領域も幅広くカバーしている。重要な語句については分量も多く解説され，最新の情報は訳注で補った。言語学に関心のある学生，研究者の必携書

国立国語研 前川喜久雄編
講座　日本語コーパス1

コ ー パ ス 入 門

51601-2 C3381　　　　　　A5判 196頁 本体3400円

国立国語研究所で行われている日本語コーパスのプロジェクトに基づき，日本語コーパスとは何か，その構築から研究での利用・活用までを概観し，日本語学，言語学での統計学的アプローチを解説する。シリーズ全体を俯瞰する1冊。

立教大 沖森卓也編著　東洋大 木村 一・日大 鈴木功眞・
大妻女大 吉田光浩著
日本語ライブラリー

語 と 語 彙

51528-2 C3381　　　　　　A5判 192頁 本体2700円

日本語の語（ことば）を学問的に探究するための入門テキスト。〔内容〕語の構造と分類／さまざまな語彙（使用語彙・語彙調査・数詞・身体語彙ほか）／ことばの歴史（語源・造語・語種ほか）／ことばと社会（方言・集団語・敬語ほか）

神戸大 定延利之編著　帝塚山大 森　篤嗣・
鳴門教育大 茂木俊伸・関西大 金田純平著

私 た ち の 日 本 語

51041-6 C3081　　　　　　A5判 160頁 本体2300円

意外なまでに身近に潜む，日本語学の今日的な研究テーマを楽しむ入門テキスト。街中の看板や，量販店のテーマソングなど，どこにでもある事例を引き合いにして，日本語や日本社会の特徴からコーパスなど最新の研究まで解説を試みる。

名工大 山本いずみ・名工大 白井聡子編著

ビ ジ ネ ス へ の 日 本 語
―これから社会へ飛びたつ君たちへ―

51040-9 C3081　　　　　　A5判 160頁 本体2400円

企業や地域社会，そのほかさまざまなビジネスの現場で活躍するために，日本語学や専門分野の学問的知識だけでなく，生活の常識，知識を踏まえた日本語コミュニケーション能力の向上を図る，これから社会に出る学生のためのテキスト。

早大 細川英雄・早大 舘岡洋子・早大 小林ミナ編著
日本語ライブラリー

プロセスで学ぶ レポート・ライティング
―アイデアから完成まで―

51525-1 C3381　　　　　　A5判 200頁 本体2800円

学生・社会人がレポートや報告書を作成するための手引きとなるテキスト。ディスカッションによりレポートのブラッシュアップを行っていく過程を示す【体験編】，その実例を具体的にわかりやすく解説し，理解をする【執筆編】の二部構成。

早大 蒲谷　宏編著
日本語ライブラリー

敬 語 コ ミ ュ ニ ケ ー シ ョ ン

51521-3 C3381　　　　　　A5判 180頁 本体2500円

敬語を使って表現し，使われた敬語を理解するための教科書。敬語の仕組みを平易に解説する。敬語の役割や表現者の位置付けなど，コミュニケーションの全体を的確に把握し，様々な状況に対応した実戦的な例題・演習問題を豊富に収録した。

学習院大 中島平三監修・編 シリーズ朝倉〈言語の可能性〉1 **言語学の領域 I** 51561-9 C3381　　A5判 292頁 本体3800円	言語学の中核的領域である言語の音,語句の構成,それに内在する規則性や体系性を明らかにし,研究成果と課題を解説。〔内容〕総論／音声学／音韻論／形態論／統語論／語彙論／極小主義／認知文法／構文文法／機能統語論／今後の可能性
学習院大 中島平三監修　前都立大 今井邦彦編 シリーズ朝倉〈言語の可能性〉2 **言語学の領域 II** 51562-6 C3381　　A5判 224頁 本体3800円	言語学の伝統的研究分野といわれる音韻論・形態論・統語論などで解決できない諸題を取上げ,その研究成果と可能性を解説。〔内容〕総論／意味論／語用論／関連性理論／手話／談話分析／コーパス言語学／文字論／身体言語論／今後の可能性
学習院大 中島平三監修　津田塾大 池内正幸編 シリーズ朝倉〈言語の可能性〉3 **言　語　と　進　化・変　化** 51563-3 C3381　　A5判 256頁 本体3800円	言語の起源と進化・変化の問題を様々な視点で捉え,研究の現状と成果を提示すると共に今後の方向性を解説。〔内容〕総論／進化論をめぐって／言語の起源と進化の研究／生態学・行動学の視点から／脳・神経科学の視点から／言語の変異／他
学習院大 中島平三監修　東大 長谷川寿一編 シリーズ朝倉〈言語の可能性〉4 **言　語　と　生　物　学** 51564-0 C3381　　A5判 232頁 本体3800円	言語を操る能力は他の動物にみられない人間特有のものである。本巻では言語の生物学的基礎について解説。〔内容〕総論／動物の信号行動とコミュニケーションの進化／チンパンジーの言語習得／話しことばの生物学的基礎／言語の発生／他
学習院大 中島平三監修　鳥取大 中込和幸編 シリーズ朝倉〈言語の可能性〉5 **言　語　と　医　学** 51565-7 C3381　　A5判 260頁 本体3800円	言語の異常が医学の領域で特徴的な症状をなす,失語症,発達障害,統合失調症を中心に,各疾患における言語の異常の性質やその病理学的基盤について,精神神経科,神経内科,心理学,脳科学,人文科学など様々な立場から最新の知見を解説
学習院大 中島平三監修　奈良先端科学技術大 松本裕治編 シリーズ朝倉〈言語の可能性〉6 **言　語　と　情　報　科　学** 51566-4 C3381　　A5判 216頁 本体3800円	言語解析のための文法理論から近年の統計的言語処理に至る最先端の自然言語処理技術,近年蓄積が進んでいるコーパスの現状と言語学への関連,文書処理,音声検索,大規模言語データを対象とする幅広い応用について,最新の成果を紹介。
学習院大 中島平三監修　南山大 岡部朗一編 シリーズ朝倉〈言語の可能性〉7 **言語とメディア・政治** 51567-1 C3381　　A5判 260頁 本体3800円	言語とメディアと政治の相互関連性を平易に詳しく解説。〔内容〕序章／言語とメディア／プリント・メディアの言語表現／ニュース報道の言語表現／テレビにおけるCMの言語表現／映像メディアの言語表現／政治の言語と言語の政治性／他
学習院大 中島平三監修　前東京女子大学 西原鈴子編 シリーズ朝倉〈言語の可能性〉8 **言　語　と　社　会・教　育** 51568-8 C3381　　A5判 288頁 本体3800円	近年のグローバル化の視点から,政治・経済・社会・文化活動に起因する諸現象を言語との関連で観察し研究された斬新な成果を解説。〔内容〕言語政策／異文化間教育／多文化間カウンセリング／異文化接触／第二言語習得／英語教育／他
学習院大 中島平三監修　宮城学院女子大 遊佐典昭編 シリーズ朝倉〈言語の可能性〉9 **言　語　と　哲　学・心　理　学** 51569-5 C3381　　A5判 296頁 本体4300円	言語研究の基本的問題を検討しながら,言語獲得,言語運用と,これらを可能とする認知・心的メカニズムを,多角的アプローチから解説。〔内容〕総論／言語学から見た哲学／哲学から見た言語／一般科学理論と言語研究／言語の心理学的課題／他
学習院大 中島平三監修　東大 斉藤兆史編 シリーズ朝倉〈言語の可能性〉10 **言　語　と　文　学** 51570-1 C3381　　A5判 256頁 本体3800円	言語と文学の本来的な関係性を様々な観点から検証し解説。〔内容〕総論／中世の英詩を読む／文体分析の概観と実践／幕末志士の歌における忠誠の表現と古典和歌／ユーモアの言語／文学言語の計量化とその展望／文学と言語教育／他

朝倉日英対照言語学シリーズ

全7巻

中野弘三・服部義弘・西原哲雄　[監修]

A5判　各巻160〜180頁

- 半期使用を想定した言語学科・英語学科向けテキスト．
- 日本語と英語の比較・対照により，言語学・英語学への理解を深める．
- 各巻各章末に演習問題を付す．解答解説を弊社HPにて公開．

第1巻　言語学入門　　168頁　本体2600円
西原哲雄（宮城教育大学）編

第2巻　音声学　　168頁　本体2800円
服部義弘（静岡大学名誉教授）編

第3巻　音韻論　　180頁
菅原真理子（同志社大学）編

第4巻　形態論　　180頁　本体2700円
漆原朗子（北九州市立大学）編

第5巻　統語論　　160頁　本体2700円
田中智之（名古屋大学）編

第6巻　意味論　　160頁　本体2700円
中野弘三（名古屋大学名誉教授）編

第7巻　語用論　　176頁　本体2800円
中島信夫（甲南大学名誉教授）編

上記価格（税別）は2025年5月現在